Inhalt

Die wichtigsten MARCO POLO Highlights

Sehenswürdigkeiten, Orte und Erlebnisse, die Sie nicht verpassen sollten

1. **'Ndrezzata**
Die Ischitaner sind zu Recht stolz auf die Tradition dieses temperamentvollen Männertanzes (Seite 24)

2. **»Brand« der Aragoneserburg**
Feuriger Höhepunkt beim bedeutendsten Fest Ischias zu Ehren der hl. Anna (Seite 25)

3. **Aragoneserburg (Castello Aragonese)**
Dramatisch-beeindruckend: Halb Ruine, halb Burgdorf, thront sie auf dem Fels (Seite 28)

4. **Calise**
Die Cafébar in Ischia-Stadt ist der Treffpunkt schlechthin auf der Insel (Seite 31)

5. **Terme Belliazzi**
Schon im Altertum wurde hier gebadet (Seite 42)

6. **Il Focolare**
Am Monte Rotaro lernen Sie die kulinarische Tradition Ischias am besten kennen (Seite 43)

7. **Museo e Scavi archeologici di Santa Restituta**
Sogar eine griechische Siedlung hat man hier in Lacco Ameno freigelegt (Seite 49)

Ischias Wahrzeichen: das mächtige Castello Aragonese

»Il Fungo« vor Lacco Ameno

8 Archäologisches Museum von Pithecusa
Ein Rückblick auf die Zivilisation der Griechen auf Ischia in der Villa Arbusto (Seite 50)

9 La Mortella (»Die Myrte«)
Wie aus einer Steinwüste ein Traumgarten entstand (Seite 58)

10 Santa Maria del Soccorso
In Forio: Mediterrane Harmonie seit über 200 Jahren (Seite 59)

11 Il Melograno
Candlelight-Dinner mit Top-Kreationen in einem Olivengarten in Forio (Seite 61)

12 Grande Albergo Mezzatorre
Das Ambiente, der Stil, die Lage: für anspruchsvolle Urlauber (Seite 63)

13 Epomeo
Am leichtesten ist der Aufstieg von Fontana aus (Seite 75)

Die Poseidon-Gärten in Forio

14 Giardini Poseidon
Ein Erlebnis für Leib und Seele – in Forío liegt das Aushängeschild der Insel für Kurgäste (Seite 84)

15 Bootsausflüge
»Tuckern um den Tuff«: einmal mit dem Boot um die Insel mit dem aufregenden Küstenrelief (Seite 88)

★ *Die Highlights sind in der Karte auf dem hinteren Umschlag eingetragen*

Entdecken Sie Ischia!

Der größte Schatz der Insel sind Schönheit und Heilkraft ihrer Natur

Strandleben: Spiaggia dei Maronti

Was gibt es Schöneres, als unter dem strahlend blauen Mittelmeerhimmel einen ganzen Tag lang in einem der in paradiesische Vegetation gebetteten Thermalgärten Ischias zu versinken? Sich in der Wärme der Sonne und des seifig-sanften Quellwassers zu entspannen, schließlich körperlich und seelisch samtweich gestimmt in den Abend hinauszugehen? Wonnestunden pur.

Was gibt es Schöneres, als die Sonne aufgehen zu sehen hinter der Silhouette des Aragoneser Kastells auf dem steilen Burgfelsen im Meer vor dem Inselort Ischia Ponte oder den Anblick der Burg im goldenen Abendlicht? Der weit gereiste Verfasser des Abenteuerromans »Lederstrumpf«, James Fenimore Cooper, schrieb tief beeindruckt über den Burgberg: »Es bot sich uns eine Szenerie, die eher einem phantastischen Gemälde als den Wirklichkeiten unserer Alltagswelt glich. Ich glaube, es war das Hinreißendste, was ich auf dieser Reise gesehen habe« (1828). An diesem Eindruck hat sich bis heute nichts geändert. Weniger dramatisch, dafür umso poetischer heben sich die ganz leicht geschwungenen Umrisse des mediterran-weißen Kirchleins Santa Maria del Soccorso vom glühenden Abendmeer ab, wenn auf der Westseite der Insel bei Forio die Sonne untergeht.

Blick vom Castello Aragonese auf Ischia Ponte

Oder man sitzt beim Campari mit Orangensaft in einem der Cafés, die sich einladend auf der Piazzetta von Sant'Angelo ausbreiten, dem ehemaligen Fischerdorf aus verwinkelten, pastellfarbenen Häuserwürfeln, von Klematis und Bougainvillea violett und orangerot umrankt. Auch hier liegt ein Felsinselchen malerisch vorgelagert. Man schaut dem Treiben der Fischer zu, wie sie ihre Netze flicken und sich an ihren Booten zu schaffen machen. Mit denselben Booten fahren sie auch Touristen aufs Meer hinaus, zum Fischen, zu den nächs-

Geschichtstabelle

Jungsteinzeit/um 3500 v. Chr. Älteste Spuren prähistorischer Menschen

Bronzezeit/frühe Eisenzeit Mykenische Kulturreste (Vulkanausbruch zerstört Siedlung)

770 v. Chr. Euböische Griechen aus Eretria und Chalkis gründen Pithecusa

524 v. Chr. Cumae schlägt einen Etrusker-Angriff aus Capua zurück

1. Hälfte des 5. Jh. v. Chr. Gründung der griechischen Kolonie Neapolis

474 v. Chr. Seeschlacht vor Cumae: Sieg gegen die Etrusker mit Hilfe des Bündnispartners Hieron von Syrakus. Dafür erhält dieser Pithecusa

421–20 v. Chr. Die Samniten erobern Cumae. Neapolis bleibt griechisch, übernimmt Pithecusa und errichtet dort Befestigungen

82 v. Chr. Der römische Diktator Sulla erobert Neapel und zerstört Pithecusa. Die Siedlung Aenaria gibt nun der Insel ihren Namen

29 v. Chr. Kaiser Augustus tauscht mit Neapel Ischia gegen Capri ein

zwischen 130 und 150 Aenaria versinkt im Meer (Ursache: Erdbeben oder Vulkanausbrüche)

558 Byzanz erobert Ischia, und Neapel erhält die Insel zurück

661–1130 Neapel unter Byzanz

1134 Ischia wird normannisch

1194–1265 Stauferherrschaft

1301–03 Ausbruch des Arso

29. September 1538 Zwischen Baia und Pozzuoli zerstört ein Erdbeben die Thermalquellen. Die Badekultur verlagert sich nach Ischia

1707–34 Die Österreicher herrschen über die Insel

1734–1860 Bourbonen-Herrschaft

21./22. Juni 1806 Die englische Flotte belagert und beschießt Ischia bis Mitte Juli

1828, 1863, 1880, 1881, 1883 Letzte Erdbeben auf Ischia

1861 Das Königreich Neapel und Ischia kommen zum vereinten Italien

1950 Der Beginn des Massentourismus zieht einen starken Bauboom nach sich

1991 Der Autoverkehr auf Ischia wird eingeschränkt

2002 Der Euro löst die Lira als Landeswährung ab

Auch heutzutage noch Teil der Arbeit eines Fischers: Netze flicken

ten Badestränden oder zu Bootsausflügen um die Insel: »Tuckern um den Tuff herum.«

Gegenüber der bewaldeten Nordküste Ischias, die flacher abfällt und damit auch dichter besiedelt ist, zeigt die steilere Südküste ein aufregendes Relief mit Grotten, versteckten Badebuchten, Schluchten, auf den Höhen hier und da eine kleine Siedlung mit hellen Häusern. Und manchmal entdeckt man sogar wie Adlernester in den Fels geschlagene Wohnungen. Die Farben der Felsen – vom hellen Ockergelb über Tuffgrün bis Trachytgrau – und ihre von dicht gepressten Linien gemusterte Struktur erzählen viel von der vulkanisch-tektonischen Entstehungsgeschichte. Ischia wurde vor Millionen von Jahren von einem tief unten im Meer rumorenden Vulkanausbruch über den Meeresspiegel hinaus gehoben. Bei der Bootsfahrt um die Insel sieht man denn auch, wie bergig sie ist, mit hohen, steilen Hängen. Der höchste Gipfel, der Monte Epomeo, misst immerhin 787 m. Viele Vulkanausbrüche hat es seit den Anfängen gegeben, den letzten im Jahr 1301.

Seither ist die Vulkantätigkeit beendet, nicht aber das Wirken der kochenden Kräfte tief unter der Erde. Ihnen verdankt Ischia seinen Reichtum, die zahllosen heißen Thermalquellen, und damit Heilwässer und Dampfbäder, Sand- und Fangopackungen – kurz: eine bedeutende europäische Kurindustrie. Schon in der Antike kannte man die Heilkraft der Quellen. So gut die Thermalwasser auch gegen Knochen- und Muskelschmerzen wirken, hat der Name Ischia dennoch nicht das Geringste mit dem Ischiasnerv zu tun. Vielmehr

» Heilwässer, Dampfbäder und Fangopackungen «

geht der heutige Name der Insel (früher »Iscla«) auf das lateinische Wort *insula* (Insel) zurück. Man spricht es »Iskia« aus bzw. »iskitano« (ischitano). Über 50 000 »Iskitaner« bewohnen das Eiland auf einer Fläche von ca. 46 km², und weit über die Hälfte der Erwerbstätigen arbeitet in der Tourismus- und Kurbranche. Kaum eine Familie, die nicht eines der vielen kleinen Hotels oder eine Trattoria besäße. Das heißt natürlich auch, dass in den letzten Jahrzehnten viel gebaut worden ist, zum Glück keine großen Kästen, sondern eher im aufgelockerten, niedrigen mediterranen Stil, der sich gut in die Vegetation einfügt. Die Bewohner verteilen sich auf die sechs Gemeindegebiete Ischia, Casamicciola, Lacco Ameno, Forio, Barano d'Ischia und Serrara-Fontana. Die Berge der Insel zwingen die Menschen, eng zusammenzurücken, und das Verkehrschaos vor allem im Juli und August, wenn die italienischen Familien Ferien machen, ist damit vorprogrammiert.

Viele Urlauber kommen immer wieder. Vor allem deutschsprachige Gäste lieben die Insel, sodass sich der eine oder andere Stammgast im Lauf der Jahre ein halbwegs kommunikationstüchtiges Italienisch angeeignet hat. Darin parliert er dann auf seinen Wanderungen durch die Berge mit dem Kaninchenzüchter, dessen Tierchen irgendwann als *coniglio alla ischitana* im Kochtopf landen. Früher waren es Wildkaninchen, aber davon gibt es kaum noch welche, wenn nicht auf dem naturgeschützten, zu Procida gehörenden Inselchen Vivara.

Auf den Hängen treffen Sie auch wieder auf Weinbauern, denn in den letzten Jahren hat der traditionelle Weinanbau zum Glück wieder stark zugenommen.

Oder aber Sie lassen sich unten in den Häfen, in Ischia Ponte etwa oder in Sant' Angelo, von den alten, wettergegerbten Fischern von den goldenen Jahren Ischias vorschwärmen. Das waren die 50er-, 60er-Jahre des 20. Jhs., als Ischia hoch im Kurs stand bei Engländern und Amerikanern, bei den Glamourgrößen aus dem Filmgeschäft, das Ischia als Kulisse entdeckte, bei Intellektuellen und Künstlern. Es kamen Richard Burton, Elisabeth Taylor, Alain Delon, Romy Schneider, aber auch Ingeborg Bachmann und Hans Werner Henze. Und Franz Josef Strauß. Nur allzu gern erinnern sich die alten Fischer der fürstlichen Trinkgelder für eine Fahrt nach Amalfi oder Capri. Man baute schöne Villen an herrlich exponierten Stellen und legte duftende Gärten an. So etwa in Forio »La Colombaia«, die Villa von Filmregisseur Luchino Visconti, oder den Traumgarten des englischen Komponisten William Walton, »La Mortella«. Beides können Sie heute besichtigen. Ischia mauserte sich damals von der armen Bauern- und Fischerinsel zum Reisemekka, das in den 1960er- und -70er-Jahren zu boomen begann, diesmal mit den Kurgästen aus Deutschland, die von den Krankenkassen in die Thermalanlagen geschickt wurden, um ihre vom klammen Nordklima ächzenden Knochen zu kurieren. So ist Deutsch die zweite Sprache auf Ischia, die Kinder lernen sie schon

»Früher kamen Künstler, heute viele Deutsche«

in der Vorschule, und über 500 Deutsche sind mit Ischitanern verheiratet.

Obwohl die Krankenkassen kaum mehr solch einen Kururlaub finanzieren, reißt der Strom aus dem Norden nicht ab. Heute kommt man zum Ausspannen, um sich zu pflegen. Die Hotels haben ihre Kureinrichtungen längst mit Schönheitsbehandlungen, Fitnessräumen, Entspannungstherapien auf diesen Trend eingestellt. Im Einklang mit dem modernen Körperbewusstsein zieht das auch immer mehr junge Leute an. Und unter Taucherfreunden haben sich die aufregenden Meeresgründe voller Unterwasserfauna und -flora auf der Südseite der Insel längst herumgesprochen. Derzeit werden weite Bereiche des Meers um Ischia bis nach Procida unter Naturschutz gestellt.

» Die Natur ist als Kapital erkannt «

Überhaupt wird die Natur zunehmend als Kapital erkannt. Denn die warmen Dämpfe und Wasserläufe, der vulkanische Boden, all das begünstigt eine betörende und überaus artenreiche Vegetation, die Ischia den Namen *Isola verde*, »grüne Insel«, eingetragen hat. Die griechischen Siedler von der Insel Euböa beschenkten Ischia einst mit Weinbau und Oliven; die spanischen Herren führten Johannisbrotbaum und Feigenkaktus ein. Wichtig für die Ökologie der Insel ist aber vor allem der reiche Waldbestand: dichte Wälder aus Kastanien, Steineichen, Buchen, dazu weite Pinienhaine – ein Kontrastprogramm zu den quirligen Ortszentren von Ischia, Forio und Casamicciola, zu den heißen, schönen Stränden, zur geordneten Natur der Thermalgärten. Kurz, Ischia ist ein Kontinent für sich.

Ausflugsboote im Hafen von Ischia Ponte

Von den Römern zum Radon

Wichtiges über historische und andere Ereignisse auf der quirligen Insel

Aenaria
Pithecusa (Pithekussai) hieß die Insel, als die Griechen sie besiedelten. Den Namen Aenaria bekam sie unter den Römern. Der Ursprung dieses Namens wird gern der mythischen Figur des trojanischen Helden Äeneas zugeschrieben, doch geht er eher zurück auf das lateinische Wort *aenum*, was Bronze bzw. Metall bedeutet. In der Tat gab es auf dem römischen Ischia ein Hafen- und Metallhandwerksstädtchen, seine Reste liegen auf dem Meeresgrund bei den Santa-Anna-Klippen vorm heutigen Ischia Ponte.

Besucher
Seit Jahrhunderten zieht Ischia namhafte und interessante Gäste an. Nur einige Namen der prominenten Gäste zur Anregung: Bayerns König Ludwig I., Johann Winckelmann, Theodor Mommsen, Alphonse de Lamartine, Henri Stendhal, Hans Christian Andersen, Henrik Ibsen, Mark Twain, Arnold Böcklin, Felix Mendelssohn Bartholdy, Giacomo Meyerbeer.

Grünes Areal vor hohen Felsen: Die Poseidongärten sind ein Höhepunkt der Badekultur Ischias

Bradyseismische Bewegung
Die Römer mochten Ischia nicht besonders, zwar betrieben sie dort Metallverarbeitung, aber die vulkanisch tätige Insel war ihnen nicht geheuer, zu unruhig. Ein geophysikalisches Phänomen in vulkanischen Gebieten ist der »Bradyseismos«, bei dem sich die Erdkruste in Zeitlupentempo ständig hebt und senkt, ein Phänomen, das die gesamte Nordseite des Golfs von Neapel betrifft. Extrem stark tritt es auf dem Festland in Pozzuoli und Baia auf, die direkten Küstensiedlungen der letzten 2000 Jahre sind längst alle unter Wasser versunken. So auch auf Ischia das römische Städtchen Aenaria. Zwar sind es nur 3 mm, die Ischia alljährlich absinkt, aber wenn man das auf Jahrtausende kalkuliert …

Buonocore, Francesco
Ischitanischer Arzt, Schüler des berühmten Philosophen Giambattista Vico, Hofarzt, Bauherr des ersten richtigen Hotelbetriebs und Sanatoriums in Ischia Porto (1735). In der Villa, später Königsresidenz, heute Militär-Thermalanstalt, wohnten damals Adelige zur Kur, die sich dort unter besseren hygienischen Bedingungen behandeln ließen.

Cava

Bedeutet auf Deutsch: Bruch, Grube. Auf Ischia bezeichnet das Wort wilde, tiefe Schluchten, von der Wassererosion in die Flanken des Epomeo geschnitten. Sie führen Regen- und Quellwasser ins Meer. Besonders bekannt: Cava Scura, die »Dunkle«, mit ihrer Heilquelle.

Fango

Durch vulkanische Vorgänge entstandene Tonerde, mit der in Ischia, nach entsprechender Reifezeit in heißem Thermalwasser, die berühmten »therapeutischen Schlammkuren« gemacht werden (max. 12 cm dick, ca. 47 Grad). Dieser reichlich vorhandene »Qualitätston« war das Rohmaterial für die Keramikindustrie von Pithecusa.

Exotische Blütenpracht im Garten der Villa Gancia in Forio

Flora

Die Pflanzenvielfalt auf Ischia ist enorm – zu jeder Jahreszeit, auch im Winter, blüht und duftet es. Zu der typisch mediterranen Vegetation gehören die fahlrosa- oder gelbfarbene Zistrose, der Erdbeerbaum mit seinen rosaroten Blütenbällchen und scharlachroten Beeren, die Rote Spornblume mit ihren schweren rosaroten Blütendolden. Überall sprießen Oleanderbüsche und zarter Hibiskus in allen Farbschattierungen, an den Häusern und Terrassen klettern Glyzinien, Klematis und Bougainvillea in allen nur erdenklichen Lila- undRonttönen. Man sieht Erika, Rosmarin, Myrte, Mastixbaum, Ölweide, Wolfsmilch, Affodill, Nieswurz, Kornelkirsche. Auf der Südseite gedeiht die Macchia, Agaven und Opuntienkakteen klammern sich an die Felsen, und im April blüht der Ginster goldgelb. Den Eindruck einer immergrünen Insel verstärken Palmen und Bananenstauden sowie die Steineichen- und Pinienwälder. Und an den Felswänden der Schluchten gedeihen seltene Farnsorten; Cyperus polystachys, ein Tropengras, gibt es in ganz Europa nur auf Ischia.

Kirchenboom

Die Zeit der pittoresk dahinwelkenden Kirchen mit abblätternden Fassaden ist auf Ischia vorbei. Wo nicht bereits renoviert wurde, ist man gerade dabei. Den größten Teil der Kosten und der Arbeit tragen die Gläubigen selber. Die Fassaden sind in neuen Pastelltönen gestrichen. Der reiche Barockstuck ist überall auf Hochglanz gebracht. Das war eine Menge Arbeit, denn knapp 60 Kirchen stehen auf der Insel den treuen Seelen offen. Nur zum Vergleich: zwölf in Ischia, elf in Forìo, zehn in Casamicciola, acht in Barano, sechs in Lacco Ameno, fünf in Serrara Fontana, drei in Panza, zwei in Sant'Angelo.

Lesestoff

Die klassische Lektüre über Ischia ist *Gast auf Ischia – Aus Briefen und Memoiren vergangener Jahrhunderte* von Paul Buchner, 1968 erschienen, jahrelang vergriffen und jetzt wieder aufgelegt vom kleinen Verlag Imagaenaria in Lacco Ameno (imagaenaria@libero.it). Das Buch erzählt interessant von Geschichte und Natur der Insel, von den persönlichen Erlebnissen des Autors und den einstmals zahlreichen prominenten Gästen.

Ein echter Urlaubsschmöker ist dagegen *Letztes Jahr auf Ischia* (1964) von Christine Brückner, der von den Liebeswirren einer deutschen Frau während eines Inselsommers erzählt. Der aufregende Film *Der talentierte Mister Ripley,* der am Golf von Neapel spielt, lenkt das Augenmerk wiederum auf die Romanvorlage, den gleichnamigen Thriller (1955) von Patricia Highsmith. Ein besonderer Literaturtipp gilt dem neapolitanischen Autor Erri De Luca und seiner melancholischen Sommergeschichte *Das Meer der Erinnerung* (1998). Sie spielt in den 1950er-Jahren auf Ischia, handelt von einem italienischen Jungen und seiner Begegnung mit einem jüdischen Mädchen und dessen Vergangenheit.

Procida ist die kleine Nachbarinsel, der man bestimmt im Lauf der Ferien einen Besuch abstatten wird: Hierzu würde der dramatische Roman der großen italienischen

Santa Maria de Visitapoveri in Forio

Schriftstellerin Elsa Morante *Arturos Insel* (1957) passen.

Lilie der Santa Restituta

Schade: Man findet sie nicht mehr in der Bucht von San Montano, die kleinen weißen Blüten der Seelilie *(Pancratium maritimum).* Nach der schönen Legende der Schutzpatronin Ischias wurde das Boot mit dem unversehrten Körper der heiligen Restituta dort an Land getrieben. Wundersamerweise sollen daraufhin die Lilien erblüht sein. Der Märtyrertod der Jungfrau, vermutlich Schülerin des ebenfalls hingerichteten Bischofs Zyprian, fällt in die Zeit der Christenverfolgungen unter Kaiser Diokletian (um 284 n. Chr.). Ihr Körper sollte mitsamt dem Boot verbrannt und im Meer versenkt werden. Aus ihrer Kirche in Lacco

Von Göttern und Titanen

Wie Mythen die Erdaktivitäten erklären

Ein von solchen Naturkräften geschütteltes Eiland fordert die Mythen- und Legendenbildung geradezu heraus. Und so stellte man sich vor, dass der im Kampf zwischen Göttern und Titanen gestürzte rebellische Riese Typhoeus unter Ischia liege, von Zeus an den Epomeo gekettet: Wälzt er sich vor Qual, so erbebt die ganze Insel; seine Tränen werden zu Quellen, und sein Stöhnen stößt die Fumarolen hervor. Manche Orte auf Ischia tragen heute noch Namen, die auf Körperteile des Giganten hinweisen: Testaccio wäre der dicke Kopf, Ciglio die Augenbraue, Panza der Bauch.

Ameno wurden die Restituta-Reliquien im 7. Jh. nach Neapel gebracht.

'Ndrezzata und U'Punton
So heißen im Ortsdialekt die beiden Folkloretänze uralter Tradition, die in Buonopane, bei Barano, weiterleben. Die 'Ndrezzata (aus *intrecciata,* »Verflechtung«) ist eine Art Schwerttanz: Neun Tänzerpaare – nur Männer, alle mit roten Jacken, weißen Kniebundhosen und roter bzw. weißer Zipfelmütze gekleidet, je einen Holzschlegel und -säbel in den Händen – formen zwei konzentrische Kreise. Symbolisch kämpfen sie gegeneinander und bewegen sich in immer schneller werdendem Tempo, angefeuert von Tamburin- und Klarinettenrhythmen. U'Punton wird, ebenfalls mit Stöcken, zu den Klängen von Blasinstrumenten getanzt. Man imitiert dabei das Feststampfen der Dachkuppel – nach der alten Sitte der nachbarlichen Hilfe beim Hausbauen. Beide Tänze sind mit ihren Tanzgruppen für Auftritte sehr gefragt. Man ist stolz auf die Tanzkunst, deren Tradition vom Vater auf den Sohn vererbt wird.

Parracine
So heißen auf ischitanisch die oft jahrhundertealten, robusten Trockenmauern aus groben Lava- oder Tuffsteinen. Sie säumen Hohlwege, stützen Weinbergterrassen oder bilden die Begrenzung von Grundstücken. Mit Pflanzen bewachsen, stellen sie eine bemerkenswerte Einheit von Form und Funktion, von menschlichem Schaffen und Natur dar.

Pilastri
»Pfeiler« (Pilaster) nennt der Volksmund die Aquäduktreste bei San Antuono an der Straße von Ischia Porto nach Barano. Sie sind nicht römischen Ursprungs, wie oft behauptet wird, sondern stammen aus dem 17. Jh.

Quellen der Gesundheit
In Europa ist Ischia das Gebiet mit den meisten Mineralquellen. Aus den Thermalquellen sprudelt zwischen 20 und 99 Grad warmes

Wasser. Nicht weniger als 103 Quellen entspringen den 29 so genannten hydrothermalen Becken. Außerdem gibt es 69 *campi* (»Felder«) mit Fumarolen, also Stellen, an denen heiße Wasserdämpfe ausströmen. Die Thermalkuren auf Ischia helfen vor allem bei rheumatischen Entzündungen und Arthrose, bei der Wiederaktivierung der Gelenke in Folge von Unfällen oder Sportverletzungen. Auch gynäkologische Probleme und Entzündungen im Unterleib werden mit Thermalwasserspülungen erfolgreich behandelt. Die Inhalation der Dämpfe lindert Erkrankungen der Atemwege. Obwohl Griechen und Römer die Thermen von Ischia schon genutzt hatten, waren sie viele Jahrhunderte in Vergessenheit geraten. Ein genialer Arzt aus Neapel, Giulio Iasolino, schrieb 1588 eine Abhandlung über die Heilquellen auf Ischia, die die Insel schlagartig bekannt machte und die heute noch wissenschaftliche Gültigkeit hat.

Radon

Ein Edelgas mit Heilwirkung, das durch natürliche Radioaktivität entsteht. Der Name stammt von der Nobelpreisträgerin Marie Curie. Sie machte ihre Entdeckung 1917/18 in den Thermen von Lacco Ameno und bestätigte damit die Bedeutung ischitanischen Heilwassers.

Wasserversorgung

1958 wurden zwei Rohrleitungen auf dem Meeresboden installiert, die vom Festland Trinkwasser auf die Insel bringen. Es war höchste Zeit, die Zisternenwirtschaft abzulösen. Flüsse gibt es keine auf Ischia. Das trinkbare Quellwasser reicht bei weitem nicht. Auf die Bedeutung der Anlage weisen die Gedenktafel an der Ponte Aragonese und der Springbrunnen bei der Kirche Spirito Santo in Ischia-Stadt hin. Den Brunnen schuf der bekannteste Bildhauer Ischias, Antonio Mascolo, ein Freund des chilenischen Dichters Pablo Neruda.

Sinfonie in Blau und Grün: der Thermalpark Giardini Aphrodite-Apollon

Für Feinschmecker

Spezialitäten aus Meer und Wald – und dazu der passende Inselwein

Essen

Auf Ischia kann man richtig schlemmen. Die ischitanische Kochkunst unterscheidet sich kaum von der neapolitanischen Küche: sehr schmackhaft – manchmal auch scharf –, mit Pfefferschoten (sechs Sorten), Tomaten und frischen Kräutern gewürzt. Knoblauch, kaltgepresstes Olivenöl und Weißwein gehören meist dazu. Die typisch ischitanischen Tomaten sind klein, rund und dank der Vulkanerde voll intensiven süßen Aromas. Wenn man Glück hat, bekommt man die berühmte *bruschetta* – der allgegenwärtige Menüstart oder kleine Imbiss – mit diesen Tomaten serviert. Noch konzentrierter wird ihr Geschmack, nachdem sie bündelweise eine Weile in zugiger Luft unter Terrassenvordächern oder Loggien zum Trocknen gehangen haben.

Die Grundpfeiler der Lokalküche sind Gemüse, Pasta und Fisch. In den Gemüseläden liegen Artischocken *(carciofi)*, Brokkoli, Auberginen *(melanzane)*, Zucchini, Fenchel *(finocchio)*, Mangold *(bietola)* und die typisch neapolitanischen *friarielli* aus, dazu jede Art von Hülsenfrüchten von Erbsen *(piselli)*, Bohnen *(fagioli)* bis hin zu grünen Saubohnen *(fave)*, die am liebsten roh mit Olivenöl und Pfeffer gegessen werden. Das Gemüse bekommt man dann gebacken oder in Olivenöl und Essig eingelegt auf den Vorspeisenbuffets der Hotelrestaurants.

Jung und Alt, Einheimische und Gäste treffen sich in der Bar Calise

Auch Pilze spielen eine große Rolle, im Spätsommer macht man eine reiche Beute in den Mischwäldern am Monte Rotaro, das können Steinpilze sein, aber auch der *amanita caesarea*, der Lieblingspilz der römischen Kaiser, oder der *mazza di tamburo*, der »Trommelschläger«. Pilze legt man ein oder würzt damit eine der zahllosen dünnen, dicken, langen, kurzen Pastasorten aus Hartweizenmehl.

Im Unterholz der Wälder wachsen Thymian, Oregano, Majoran, Bohnen- und Pfefferkraut, sogar wilder Spargel. Manch engagierter Gastronom, allen voran Riccardo d'Ambra, versucht, die kulinarischen Traditionen der echten Bauernküche wieder aufzugreifen. So bringt er die typisch ischitanischen kleinen, grünen Schnecken, die *maruzze*, wieder auf den Tisch seines Restaurants *Il Focolare* in Casamicciola.

Zur Bauernküche des Landesinnern gehört natürlich auch das Top-Gericht der Gastronomie Ischias, der Kaninchenbraten. Einst waren es Wildkaninchen, heute züchtet man sie im Stall oder in Tuffgruben.

Ischitanische Spezialitäten

Lassen Sie sich diese Köstlichkeiten gut schmecken!

alici marinate – in Zitrone marinierte rohe Sardellen, als Vorspeise serviert

babà – duftiges, in Rum getränktes Gebäck

bruschetta – leicht angeröstete Scheibe Brot, die mit kleinen, saftigen Tomatenstücken belegt und mit Salz, Olivenöl und Knoblauch gewürzt wird

caffè – der kleine, duftende Espresso, den man in Italien aber nicht Espresso, sondern *caffè* nennt

calzone – eine Tasche aus Pizzateig, gefüllt mit Schinken, Mozzarella, Ricotta und Parmesan

friarielli – typisch kampanisches kleinblättriges und leicht bitteres Grüngemüse, am besten in Öl, mit Knoblauch und Pfefferschoten geschwenkt

gnocchi alla sorrentina – kleine Kartoffelteigbällchen, im Ofen mit Tomaten und Stückchen vom Schmelzkäse *scamorza* überbacken

impepata di cozze – im eigenen Saft gedünstete Miesmuscheln, die mit Zitrone, Petersilie und schwarzem Pfeffer gewürzt werden

insalata di frutti di mare – gedünstete Meeresfrüchte, kalt mit Olivenöl, Zitrone, Knoblauch und Petersilie angemacht

limoncello – als Abschluss darf der eisgekühlte Likör aus Zitronenschalen nicht fehlen

mozzarella in carrozza – ein paniertes, in Olivenöl frittiertes und mit Mozzarella gefülltes Sandwich

polipi affogati – in Tomatensud »ertränkte« kleine Kraken

prosciutto e melone – roher Schinken und eisgekühlte Melonenviertel – ersetzt im Hochsommer eine komplette Mahlzeit

sfogliatelle – Blätterteigteilchen mit einer Füllung aus Ricotta, kandierten Früchten, Vanille und Zimt

spaghetti oder linguine allo scoglio – Spaghetti oder schmale Bandnudeln mit Meeresfrüchten und Tomatenstückchen, Knoblauch und Petersilie

torta alle mandorle – der für Ischia typische Kuchen aus Mandeln

zuppa di pesce – große Fischstücke und Meeresfrüchte in Tomatensud und Öl zusammen mit Knoblauch und Pfefferschoten geköchelt; dazu isst man das gute neapolitanische Brot

Gern bereitet man sie als *coniglio alla cacciatora* (nach Jägerart) zu: mit Knoblauch und Pfefferschoten scharf angebraten und in Tomatensud weich gegart.

Das Meer bestimmt hingegen die Küstenküche mit Sardellen *(alici)*, Meerbarbe *(triglia)*, Goldbrasse *(dorata)*, Seezunge *(sogliola)*, Krake und Tintenfisch *(polipo, calamare, seppia)*, vor allem aber mit Miesmuscheln *(cozze)* und Venusmuscheln *(vongole veraci)*. Das Hauptgericht, auf das kein Restaurant an der Küste verzichten kann, ist die Fischsuppe, die *zuppa di pesce.*

Neben typisch süditalienischem Schnittkäse wie Provolone oder Scamorza spielt natürlich auf Ischia der *mozzarella* aus Büffelmilch eine wichtige Rolle: vor allem als *insalata caprese* mit Tomatenscheiben und Basilikum sowie als *parmigiana,* ein Ofengericht aus mit Käse überbackenen Auberginen-, Mozzarella- und Tomatenscheiben.

Und zum Abschluss wird – wie überall in Kampanien und am Golf – Süßes ganz groß geschrieben. In den *pasticcerie* läuft einem das Wasser nicht nur bei *tiramisu* im Mund zusammen.

Schmeckt im Land seiner Herkunft am besten: der Cappuccino

Trinken

Die Insel bringt ausgezeichnete Weine hervor. Dank des vulkanischen Bodens und der günstigen Sonnenlage der Weinberge (manche sogar auf 500 m Höhe) gedeihen die Reben prächtig. Vorwiegend gibt es Weißweine – leicht, trocken, würzig, strohgelbe Farbe. Die Spitzenweine, *Biancolella, Tenuta Frassitelli* und *Forastera,* passen ideal zu Fischgerichten. Erlesene Rotweine sind der blumige *Don Alfonzo* und der delikate *per' e palummo* (»Taubenfuß«) *Tenuta Montecorvo.* Es munden aber auch die preiswerteren *Ischia Rosso* (den man jung trinken sollte) und *Ischia Bianco:* der erquickende Sommerrenner mit leicht harzigem Aroma. Die erwähnten Weine sind alle D.O.C. *(Denominazione di Origine Controllata)*, d. h. staatlich anerkannte Qualitätsweine. Sie werden von den Weinkellereien Perrazzo, Pietra Torcia und D'Ambra im Gebiet Forio und Panza produziert. Der ischitanische Sekt *Kalimera* ist der große, eisgekühlte Stimmungsmacher. Für Pizzafans empfiehlt sich *Pizzavino* – ein süffiger Tropfen zu ihrem Lieblingsgericht.

Warme Küche gibt es meistens von 12.30 bis 14.30 und von 19.30 bis 22 Uhr (im Sommer bis Mitternacht). In der Hochsaison gibt es keine Ruhetage.

FABBRICA

Zum Shopping nach Ischia

Mode und Luxus, Firlefanz und Kunsthandwerk – hier können Wünsche wahr werden

Während die meisten Hotels auf der Insel von Ende Oktober bis Ostern geschlossen bleiben, haben fast alle Läden und Boutiquen rund ums Jahr auf.

Zehn Gehminuten vom Hafen von Ischia Porto entfernt, und schon sind Sie – der Via Roma folgend – auf dem Corso Vittoria Colonna, der Einkaufsstraße par excellence angekommen. Exklusive Modetempel (z. B. *La Caprese Più* und *Dominique)* und Trendläden (z. B. *Diesel, Zooi* und *Angela Mele*) säumen die lang gestreckte Gasse bis zur modernen Piazzetta dei Pini. Dazwischen finden Sie auch schicke Schuh- und Lederwarengeschäfte (z. B. *Judith Major* und *Brovelli),* noble Juwelier- und Antiquitätenläden.

In Sachen Antikmöbel ist *El Prado Antichità* in Lacco Ameno (Piazza S. Restituta) nicht zu überbieten. Hier geht man auf dem Corso Rizzoli einkaufen.

Der Corso Umberto, Einkaufsstraße in Forio, gibt sich weniger elegant, dafür aber preiswerter. In Sant'Angelo bummelt man am besten gleich in Hafennähe, wo die Boutiquen dicht nebeneinander liegen.

Springbrunnen im Hof der Terrakottafabrikanten Mennella in Casamicciola

Casamicciola hat keine nennenswerte Einkaufsstraße, ist jedoch dank der 400-jährigen Tradition der Töpfermeister *Mennella* die Heimat der Keramikkunst. Wer farbenfrohe Tassen und Teller mag, ist bei *Il Pirata* in Sant'Angelo an der richtigen Adresse. Fundgrube für originelle Geschenkideen ist auch der Delikatessenladen *Ischia Sapori* (Via R. Gianturco, Ischia Porto): Spitzenprodukt des Hauses ist »Lemonis«, ein Likör aus reiner Zitrone mit Schale, nach guter alter Bauerntradition hergestellt.

Wer ein »Stück von der Insel« nach Hause mitnehmen will, kauft sich in der *Profumeria Scotti* (Ischia Porto) echten Ischia-Fango für die Gesichtspflege und führt den Urlaub zu Hause fort. Die schönsten Ölgemälde und Grafiken auf Ischia sind Werke des namhaften Malers *Mario Mazzella* (Studio d'Arte, Piazza Mazzella, Ischia Ponte).

Die Öffnungszeiten der Geschäfte sind zumeist: 1. Juni bis 30. Sept. tgl. 9–13 und 17–22, sonst Mo–Sa 9–13 und 16–20 Uhr (Lebensmittelgeschäfte haben So nachmittags geschlossen).

Feste, Events und mehr

Engelslauf und Musica

Die Ischitaner lieben ihre traditionellen Feste. So können Urlauber neben Konzerten, Theater und Tanz prachtvolle Umzüge, Boots-

Osterprozession in Forio

prozessionen und spannende Ritualtänze erleben, alle begleitet von Musik und aufwändigen Feuerwerken. Wer sich für zeitgenössische Kunst interessiert, findet sie in Ischia Ponte etwa in der *Aragoneserburg* und in der *Galerie Ielasi (Via Mazzella)*, in Forio im *Torrione* und in der *Galerie Del Monte Arte Contemporanea* im Ortsteil San Francesco.

Offizielle Feiertage

1. Januar Neujahr; **6. Januar** Dreikönigstag; **Ostermontag**; **25. April** Tag der Befreiung vom Faschismus; **1. Mai** Tag der Arbeit; **15. August** Mariä Himmelfahrt; **1. November** Allerheiligen; **8. Dezember** Mariä Empfängnis; **25./26. Dezember** Weihnachten/ Tag des hl. Stephanus

März/April

Insider Tipp Karfreitag: feierliche *Prozession* auf Ischias Nachbarinsel Procida – eine der berühmtesten Osterfeiern Süditaliens. In Forio werden Szenen aus der Passion Christi nachgespielt.
Ostersonntag: ★ »Engelslauf« *(Corsa dell'Angelo)* in Forio, Lacco Ameno und Casamicciola mit den Figuren eines Engels, Marias und Jesu.
Ostermontag (abends): Die Volkstanzgruppe ★ *'Ndrezzata* aus Barano zeigt ihr Können auf dem Kirchplatz in Buonopane.

April

Letztes Aprilwochenende: *Vele spiegate nel Golfo di Napoli*, eine Segelregatta um die Insel.
Anfang April–Ende Juni: *Kammermusikkonzerte* mit jungen Musikern im Park La Mortella in Forio.

Mai

16.–18. Mai: *Fest der hl. Restituta* in Lacco Ameno mit Bootsprozession und Öllichtern auf dem Meer.

Juni

Fronleichnam (Corpus Domini): bezaubernder *Blumenschmuck und Blütenbilder* in den Kirchen Casamicciolas.

Insider Tipp 1. Samstag: *Festa della Ginestra,* vergnügliche Landpartie zu Fuß über die Hochebene Piana di Buceto bei Buonopane mit anschließendem gemeinsamem Schlemmermahl (Treffpunkt 10 Uhr an der Piazza Buonopane).

14.–16. Juni: *Fest des hl. Vitus* in Forio. Volksfest und Prozession mit der prachtvollen Silberstatue des Ortsheiligen.

24. Juni: *Fest des hl. Johannes* (des Täufers) in Buonopane mit der Darbietung der Volkstanzgruppe *'Ndrezzata* auf der Piazza als Höhepunkt.

Juli

26. Juli: *Fest der hl. Anna* in Ischia Ponte. Festhöhepunkt der Insel: Wie Karnevalswagen ziehen phantasievoll ausgestattete Boote zwischen der Burg und den Santa-Anna-Felsen vorbei, und um Mitternacht erleben Sie den (pyrotechnischen) ★ »Brand« der Aragoneserburg.

Juli–September

In diesen Monaten jagen sich die *Musik- und Gesangsveranstaltungen* auf den Plätzen und in den Gärten der einzelnen Gemeinden.

August

26. Aug.: *Fest des hl. Alexander* mit Umzug in historischen Kostümen von Ischia Ponte nach Ischia Porto.

1. Woche im Monat: *Salsicciata* – Wurst- und Weinfest in Serrara Fontana.

September

1. Sonntag/Montag: *Fest des hl. Johann Joseph* in Ischia Ponte, mit Bootsprozession.

Insider Tipp 8.–12. Sept.: *Fest von Santa Maria del Monte.* Prozession ab Forio als stimmungsvoller Aufstieg zum Wallfahrtskirchlein am Monte Epomeo.

Anfang Sept.–Ende Okt.: ★ *Konzerte* im Park La Mortella in Forio.

Dezember

8. Dez.–6. Jan.: *Ausstellung neapolitanischer Weihnachtskrippen* in den größten Kirchen der Insel und in vielen Hinterhöfen der Via Luigi Mazzella in Ischia Ponte.

Prozession auf Procida

Einkaufs- und Urlaubsparadies

Vom romantischen Fischerhafen bis zu königlichen Suiten bieten die beiden Stadtteile Ponte und Porto fast alles

Karte in der hinteren Umschlagklappe

Nach der Überfahrt von Neapel durch den Golf – vorbei an der Landspitze von Capo Miseno und der Insel Procida – gleitet die Fähre auf Ischia Porto zu und kommt kurz vor den niedrigen, weiß-grau-rosa Häuserzeilen zum Stillstand, die das runde Hafenbecken säumen. Kaum zu glauben, aber bis 1854 war das hier ein flacher See, bis ihn der neapolitanische Bourbonenkönig Ferdinand II. zu einem Hafen ausbaggern ließ. Über dem Hafenbecken leuchtet purpurrot die einstige königliche Residenz, heute eine Thermalanstalt für italienische Militärs. Es herrscht lebhaftes Treiben auf den Piers, Feriengäste kommen an, andere reisen ab, Reiseleiter sammeln unter hochgehaltenen Schildern ihre Kunden ein, die Fahrer der inseltypischen, höllisch lauten Dreiradtaxen bieten ihre Dienste an, schon ortskundige Urlauber steuern auf den Platz mit den öffentlichen Bussen zu. Diese Busse sind Gold wert, mit ihnen gelangt man fast in jeden Winkel der Insel.

Das Castello Aragonese thront über Ischia Ponte

Die Inselhauptstadt Ischia setzt sich aus zwei Ortsteilen zusammen, man kommt im neueren Teil, *Ischia Porto* (Ischia Hafen) **[U B–D 1–3]** an. Am Abend wird man an das Hafenbecken zurückkehren, an die *Via del Porto* mit den alten, pittoresken Fischerhäusern und den vor Anker liegenden Segelyachten. Unterm Sternenhimmel verwandelt sie sich in die Ausgehmeile der Insel, verheißungsvoll »Rive Droite« genannt, mit Angeboten für alle Geschmäcker: Restaurants und Tavernen, in denen man neapolitanische Schmachtlieder für das reifere Publikum spielt, Straßencafés und Musikkneipen für die Jüngeren.

Der Bummel durch den Ortskern führt über die verkehrsberuhigte Achse *Via Roma/Corso Vittoria Colonna,* und man merkt schnell, welcher Wind hier weht: Ein schickes Einkaufsgeschäft reiht sich an das andere, Kaschmir von Loro Piana, urbane Edelmarken wie Prada wechseln sich ab mit jungen Trendlabeln wie Diesel oder Ausgeflipptem von Zooi und Angela Mele in der Boutique Kubika an der neuen Piazzetta dei Pini.

Die Achse führt hinein in die malerische Altstadt von *Ischia Pon-*

Eng und betriebsam: der Hafen von Ischia

te (Ischia Brücke) **[U C–E 3–4]**. Die charmante Fischersiedlung am Meer, verwitterte Häuser in verwinkelten Gassen und von der Zeit angenagte herrschaftliche Palazzi in der zentralen *Via Luigi Mazzella* führen uns in das 18. Jh. zurück. »Borgo di Celso« – wie Ponte damals genannt wurde – nahm allmählich alle Leute von der sich entvölkernden vorgelagerten Burginsel auf. Dort wohnten zur Blütezeit im 17. Jh. noch 1892 Familien, das heißt über 5000 Personen.

Die Gemeinde Ischia beherbergt jede Menge Thermalanlagen, verfügt über Strände und einige besonders schöne Hotels.

SEHENSWERTES

Aquädukt **[106 B6]**

Wenn man den Ortskern Ischia Portos verlässt und in Richtung Barano der Via Michele Mazzella folgt, stößt man auf eine auf zwei Ebenen angelegte Arkadenreihe aus Tuff- und Ziegelsteinen, die im Volksmund *I Pilastri* genannt und häufig irrtümlich als ein Bauwerk aus der Römerzeit bezeichnet wird. Es handelt sich um die noch erhaltenen Teile eines Aquädukts aus dem 17. Jh. Er führte das Wasser der *Buceto-Quelle* vom nördlichen Abhang des Epomeo nach Ponte.

Aragoneserburg (Castello Aragonese) **[U F4]**

★ Seitdem Hieron, Tyrann von Syrakus, nach der Eroberung der Insel im Jahr 474 v. Chr. auf dem 112 m hohen Basaltfelsen vor der Ostküste ein Kastell erbauen ließ, wurde diese Festung zum Zentrum und Symbol der wechselhaften Geschichte Ischias. Seit 1441 verbindet ein fester Damm den Felsen mit der Insel. Die größten Zerstörungen verursachte 1809 die Kanonade der englischen Flotte während der Napoleonischen Kriege. Seit 1912 gehört die Burganlage der Familie Mattera, heute den Brüdern Antonio und Gabriele Mattera. Letzterer ist ein renommierter Künstler, dessen Bilder das burgeigene Hotel Il Monastero schmücken.

Zur Besichtigung kann man zwar mit einem Aufzug bequem in die Höhe fahren, doch sollte man eigentlich den etwa zehnminütigen Aufstieg zu Fuß nicht scheuen. Beeindruckend ist der 475 m lange, 10 m breite und bis zu 5 m hohe Tunnelgang, Teil einer fast unbezwingbaren Befestigungsanlage. Zum Burgkomplex zählen mehrere Kirchen, eine davon wird für Kunstausstellungen genutzt. Sie gehörte zum angrenzenden *Klarissenkloster* aus dem 16. Jh. Auf gruselig sonderbare Weise wurden die Nonnen beigesetzt. In zwei niedrigen Räumen sind noch zehn mit Löchern versehene Steinplatten zu besichtigen, auf die die Leichen unter einem Kreuzzeichen gesetzt wurden. Ihre sich auflösenden sterblichen Überreste fielen mit dem Fortschreiten der Zeit in die unterhalb stehenden Steingefäße. Nach diesem Schreck erholt man sich auf der Aussichtsterrasse des Cafés *Il Terrazzo* oder in der Cafeteria *Il Monastero. Öffnungszeit der Burg: tgl. 9.30 Uhr bis Sonnenuntergang, Eintritt 8 Euro inkl. Lift*

Wie Papst Johannes Paul II. in weißem Gewand die Aragoneserburg – als Symbol Ischias – segnet, ist auf einer riesigen, bunten Majolika-Tafel an einer Mauer vor dem Damm von Ischia Ponte verewigt. Sie erinnert an den hohen Besuch am 5. Mai 2002, als der Papst hier vor jubelnden Einheimischen die Messe zelebrierte.

Stadtpark **[U D3]**

Ganz in der Nähe der verkehrsüberfüllten Kreuzung *Piazza degli Eroi* bietet sich die ruhige Oase des ausgedehnten Stadtparks an: ein romantischer Pinienhain. Kahle Felsbrocken erinnern daran, dass hier jahrhundertelang nur der erstarrte Lavafluss zu sehen war, der 1301 dem Arso-Vulkan entströmte. Der Hofbotaniker Giovanni Gussone bepflanzte zwischen 1853 und 1855 das öde Gelände.

KIRCHEN

Kathedrale **[U D4]**

★ In der malerischen Hauptstraße von Ponte finden Sie die 1751 fertig gestellte und der Assunta gewidmete Barockkirche. Nach der Zerstörung der alten Kathedrale auf

MARCO POLO Highlights »Ort Ischia«

★ **Aragoneserburg (Castello Aragonese)**
Stolzes Symbol der wechselhaften Inselgeschichte (Seite 28)

★ **Kathedrale**
Barocke Hauptkirche mit Kuppeldächern und Kunstschätzen aus der ehemaligen Burgkirche (Seite 29)

★ **Calise**
Cafébar der Superlative: ein Hauch von Wiener Kaffeehaus, Pariser Café Chantant und Mailänder Nobelbar (Seite 31)

★ **Il Moresco Terme**
Luxusherberge mit einer Panoramasuite im Turm (Seite 34)

Nicht über Vorurteile stolpern

Seien Sie nachsichtig, wenden Sie Ihre Blicke auf das Wesentliche

Wer in Neapel den Schmutz nicht übersehen kann, ist verdammt, diese Stadt nicht zu verstehen!« Die Aussage des Reiseschriftstellers Eckart Peterich ist – mutatis mutandis – gewissermaßen auch für Ischia Ponte zutreffend. Erheben wir also den Blick lieber zur Aragoneserburg, damit er ja nicht an etwaigen Müllresten in Fußhöhe haften bleibt. Mit dem Fuß stolpern ist weniger schlimm, als den Geist über Vorurteile stolpern zu lassen.

dem Burghügel wurde sie 1810 zur bischöflichen Hauptkirche der Insel erhoben. Manche Kunstwerke aus der alten Kathedrale wurden hierher gerettet und überlebten deshalb die Zerstörung. So stammt auch ein bemerkenswertes, schlichtes Holzkruzifix links vom Hauptaltar (neapolitanische Schule des 14. Jhs.) aus der Burgkathedrale. *Via L. Mazzella*

San Antonio **[U E3]**

In der Nähe der *Spiaggia dei Pescatori,* also des Fischerstrands, wo sich der Arso-Lavastrom ins Meer ergoss, erhebt sich über einer Freitreppe diese 1740 erbaute einschiffige Kirche des Franziskanerklosters. Im großen Konventsaal sind mehr als 15 000 Bände der von Monsignore Onofrio Buonocore gegründeten *Biblioteca Antoniana* untergebracht: eine schier unerschöpfliche Quelle für Ischia-Forscher. Ein Besuch der Bibliothek lohnt sich allein schon wegen des dort aufbewahrten Ölporträts der mit Lorbeerkranz gekrönten Dichterin Vittoria Colonna. *Rampa di S. Antonio (Ischia Ponte)*

San Gerolamo (Madonna della Pace) **[U D2]**

Die intime, kleine Kapelle, der friedensstiftenden Jungfrau geweiht und mit modernen Mosaiken geschmückt, steht inmitten des quirligen Gedränges an der *Piazzetta San Gerolamo.* Ursprünglich wurde sie kurz nach dem Arso-Ausbruch (1301) als Einsiedelei in der verwüsteten Landschaft errichtet. *Corso Vittoria Colonna 124*

Santa Maria delle Grazie **[U D2]**

In der Hauptbummelgasse Portos führt eine Treppe zu der 1781 erbauten Barockkirche hinauf, die nicht nur eine sehr lebhafte Linienführung der Architektur, sondern auch gleich drei Namen ihr eigen nennen kann. Ursprünglich war sie den im Fegefeuer leidenden armen Seelen geweiht, dann dem heiligen Petrus und zu guter Letzt der gnadenvermittelnden Jungfrau Maria. *Corso Vittoria Colonna 223*

Spirito Santo **[U E4]**

Wenn die umfangreichen Restaurierungsarbeiten abgeschlossen sind, wird diese zwischen 1636 und

1676 von den Seeleuten und Fischern erbaute und dem Heiligen Geist geweihte Kirche ihre Barockpracht wieder den Besuchern darbieten können. Die kleine Kirche der Bruderschaft von *Santa Maria di Costantinopoli* daneben ist bereits wieder eröffnet (die Außenwand verzierte Antonio Mascolo mit bunten Keramikszenen). *Via L. Mazzella*

BARS/CAFÉS/EISDIELEN

Calise **[U D3]**
★ Eine Institution: Hier treffen sich Einheimische und Feriengäste, Jung und Alt zum Aperitif oder Lunch, zur Tea-Time, zum Cocktail, zu abendlicher Musik. Das riesige Lokal – Wiener Kaffeehaus, Pariser Café Chantant und Mailänder Nobelbar in einem – ist eingebettet in einen großen Pinienhain (Platz für gut 2000 Gäste). Nachts ist Hochbetrieb in der Kaffeebar: frisch gebackene Hörnchen erwarten dort die Nachteulen zum Cappuccino. *Tgl., im Hochsommer rund um die Uhr, Via A. Sogliuzzo 69 (hauseigener Parkplatz)*

Da Ciccio **[U C2]**
Vorteilhafte Kombination von Imbissstube, Konditorei und Eisdiele für preisbewusste Gäste. *Am Hafenende der Via Roma, gegenüber den Militärthermen*

La Dolce Sosta **[U D2]**
Insider Tipp
»Die süße Rast« lädt nach dem Shopping zu einer geruhsamen Verschnaufpause ein. Tipp: *brioche con gelato* (Sie haben die freie Wahl unter 18 Eissorten zur Füllung der frischen Hörnchen). *Ecke Via Vittoria Colonna/Via R. Gianturco*

Gran Caffè Vittoria **[U D2]**
Lebhafter In-Treff der einheimischen Jugend; besonders gegen 22 Uhr belagert (vor allem am Samstagabend). *Piazzetta S. Gerolamo*

ESSEN & TRINKEN

Da Cocò **[U E4]** Insider Tipp
Das eher unscheinbare Lokal liegt am Damm zur Aragoneserburg. Der Insidertreff für Freunde bodenständiger Hausmannskost. *Mi geschl., Piazzale, Tel. 081 98 18 23, €€*

Da Damiano **[U B3]** Insider Tipp
Ein chaletähnliches Verandarestaurant mit exklusivem Touch. Herrlicher Panoramablick auf den Golf von Neapel. Vormals auf Edelfisch spezialisiert, isst man hier nun exzellente Fleischgerichte. *Mittags u. Nov.–Ostern geschl., an der Landstraße SS 270, Hausnummer 5, Tel. 081 98 30 32, €€€*

Gaetano **[U D3]**
Ein unscheinbares Lokal – aber für die Einheimischen die beste Pizza weit und breit. 55 saftig-würzige Pizza-Sorten – auf Bestellung auch glutenfreie Fladen – direkt vom Holzofen. Alle zwischen 4 und 10 Euro. *April–Okt. tgl. (sonst Mi geschl.), Via M. Mazzella 58, Tel. 081 99 18 07, €*

Giardino degli Aranci (da Andrea) **[U D2]**
An langen Holztischen sitzt man gesellig in der Taverna, knallrot getüncht sind die Mauern des Innenhofs. Zur feuchtfröhlichen Stimmung tragen die neapolitanischen Lieder und die Operettenschnulzen des Gitarrenduos bei. *Tgl., Via Enea 4, Tel. 081 99 11 50, €*

Mastu Peppe 'O Fraulese **[U C2]**
Einfache Trattoria mit guter Fischsuppe und köstlichen *gnocchi alla sorrentina*, direkt am Hafen an der Anlegestelle der Fähren. *In der Saison tgl., Via Iasolino 10, Tel. 081 98 19 12, €*

Mezzanotte **[U C1]**
An der »Rive Droite«: Modernes Lokal für Cocktails und Abendessen, beliebt bei jungen Italienern. *In der Saison tgl. abends, Via Porto 78, Tel. 081 98 16 53, €–€€*

Insider Tipp **Il Torchio** **[U D6]**
Mitten in den Weinbergen bei Campagnano liegt das gut besuchte Verandarestaurant der Geschwister Trani. Herrlicher Weitblick auf den Golf von Neapel und den Vesuv. Typisches Inselgericht: *coniglio alla moda della nonna* (Kaninchen nach Großmutterart). Weißer Tischwein aus eigener Produktion (auch Hotelbetrieb mit 13 gepflegten Doppelzimmern, €). *Tgl., Via Campagnano 98 (Ischia Campagnano), Tel. 081 90 19 86, €€*

EINKAUFEN

L'Ancora **[U E4]**
Profizubehör für Angler und Taucher in der Altstadt von Ischia Ponte. *Via Girolamo Rocca 21*

Boccia **[U E4]**
Für Insider: die Bäckerei schlechthin auf der Insel. Der kleine Brotladen des Signore Boccia hat sich zwar zu einem Tante-Emma-Laden entwickelt, aber im alten Holzkohleofen wird das tägliche Brot wie anno dazumal in bester Qualität gebacken. *Vico Giovanni da Procida 45* Insider Tipp

La Caprese Più **[U D2]**
Größtes Modegeschäft der Insel: Kleider und Ambiente im Italy-Stil.

Speisen unter Palmen in der malerischen Altstadt von Ischia Ponte

Corso V. Colonna 121 (Damen) u. 170 (Herren)

Ceramiche Cianciarelli [U E4]
Unter den zahllosen Keramikgeschäften der Laden mit besonders geschmackvoll bemalten Krügen, Schalen mit Efeumotiven und Blumentöpfen vom bewährten Kunsthandwerker Filippo Cianciarelli. *Via L. Mazzella (Ischia Ponte)141*

Enoteca Perrazzo [U C1]
An der »Rive Droite« ein gut sortierter Weinladen mit Tropfen von der Insel. *Via Porto 36*

Insider Tipp **Ischia Sapori** [U D2]
Eine Fundgrube für Feinschmecker. Hier gibt es Mitbringsel aus eigener Produktion: vom Mandarinenlikör über Zitrushonig bis zur Feigenmarmelade. Neu: Rucola-Kräuterlikör. *Via R. Gianturco 2*

Le Mie Erbe [U D2]
Aus etwa 150 unterschiedlichen Kräutern zaubert Dottoressa Buono hier individuelle Teemischungen. *Corso V. Colonna 258*

Miss Alkazar [U E4]
Ausgefallene, schräge Mode für junge Individualistinnen. Ponte, *Via L. Mazzella 53*

Insider Tipp **Le monde des bijoux** [U C2]
Smarter Modeschmuck in Topqualität zu wirklich günstigen Preisen. *Via Roma 121*

Music [U C2]
CDs und MCs mit allem, was die Musikszene am Golf von Neapel zu bieten hat: Von melodiösen Klassikern wie Roberto Murolo bis zu jungen, alternativen Stars wie die Band Almamegretta oder Enzo Gragnaniello finden Sie hier alles. *Porto, Via Roma 85*

Principessa delle Isole [U D2]
Ethno- und Kolonialmode in wunderschönen Farben und Stoffen gibt's bei der »Prinzessin der Insel«. *Piazzetta dei Pini*

Profumeria Scotti [U D2]
Für Damen, die auch zu Hause ihre Gesichtspflege mit Fangopackungen fortsetzen wollen: Hier wird echter Fango auf Thermalwasserbasis verkauft, Marke »Terme dell'Isola d'Ischia«. Nicht billig! *Corso V. Colonna 179*

Il Semaforino [U D2]
Exklusive, hinreißende Kindermode. *Corso V. Colonna 236*

Studio d'Arte Mario Mazzella [U E4]
Eigene Galerie dieses namhaften ischitanischen Künstlers von internationalem Format. Seine Gemälde und Grafiken geben das stille Inselleben von einst wieder. Um die Mittagszeit kommt der Maestro meist selber auf einen Sprung vorbei, sonst führt sein Sohn die Galerie. *Piazza L. Mazzella 94*

Vettori [U D2]
Traumhaft bestickte Nachthemden (ab 80 Euro). *Corso V. Colonna 186*

ÜBERNACHTEN

Alexander Terme [U C2]
Modernes, funktionales Hotel direkt am Meer mit großem Thermalswimmingpool. Das Haus liegt nur wenige Schritte von der eleganten Einkaufsmeile Vittorio Colonna

entfernt. Von 91 Zimmern haben 22 Blick aufs Meer. *Lungomare V. Telese 3, Tel. 081 99 35 97, Fax 081 98 41 07, www.italiabc.it/alexanderhotel,* €€

Continental Mare Hotel & Residence **[U A1]**
Ein Tipp für Individualisten: terrassenförmig an eine steil ins Meer abfallende Felswand gebaut, mit Privatstrand (Kies) und Nutzung der Thermalanlagen des Hotels Continental Terme (hauseigener Pendelbus). *56 Zi., Via B. Cossa 25, Ischia Porto, Tel. 081 98 25 77, Fax 081 99 25 05, www.contimare.leohotels.it,* €€–€€€

Continental Terme **[U C4]**
Schöne mediterrane Anlage, die sich auf einen 3 ha großen Park verteilt. Vielfältige Thermalkur-, Fitness- und Beautyeinrichtungen. *244 Zi., Via M. Mazzella 60–74, Ischia Porto, Tel. 081 99 15 88, Fax 081 98 29 29, www.continentalterme.it,* €€€

Floridiana Terme **[U D2]**
Das älteste Hotel auf der Insel (etwa 100 Jahre). Es liegt mitten im Ortskern, ist aber ruhig und gemütlich verwinkelt. Palmen am Eingang, Schirmkiefern am Pool. Die Zimmer im zweiten Stock haben Meerblick. *56 Zi., Corso V. Colonna 165, Ischia Porto, Tel. 081 99 10 14, Fax 081 98 10 14, www.ischia.it/floriadiana,* €–€€

Giardino delle Ninfe & La Fenice **[U E5]**
Herberge mit eher schlichten Zimmern, dafür aber in ruhiger Lage mit herrlichem Blick von der Solariumterrasse auf Meer und Aragoneserburg. Thermalswimmingpool. Stufen führen zum Cartaromana-Strand hinunter. *31 Zi., Via Nuova Cartaromana 95, Ischia Ponte, Tel. 081 99 21 61, Fax 081 98 35 65, www.giardinodelleninfelafenice.it,* €–€€

Gran Hotel Excelsior Terme **[U D2]**
Eines der Luxushotels in Ischia Porto. Ruhige Lage im eigenen Pinienhain mit direktem Zugang zu einem Privatstrand. Alle Zimmer mit Balkon. Komplette Thermalanlage mit allem, was dazugehört. *68 Zi., Via E. Gianturco 3, Ischia Porto, Tel. 081 99 15 22, Fax 081 98 41 00, www.excelsiorischia.it,* €€€

Hotel Flora **[U C2]**
Zentral gelegenes, preiswertes Familienhotel. Spartanische Zimmereinrichtung, aber sauber. Neben Fitness- und Beautycenter auch Sauna samt Hallenbad und ein 34-Grad-Thermalbad auf der Dachterrasse. *88 Zi., Via A. De Luca 103, Ischia Porto, Tel. 081 99 15 02, Fax 081 98 12 40, www.wel.it/hflora,* €

Il Moresco Terme **[U D2]**
★ Intim wirkendes Luxushotel im spanisch-maurischen Stil. Toll: die Royal Suite (Nr. 501) im Turm mit Rundblick auf Meer, Burg und Pinienhain. Neben den üblichen Kuranlagen gibt es auch ein 34 Grad warmes Thermalbad in einer Naturgrotte. *89 Zi., Via E. Gianturco 16, Ischia Porto, Tel. 081 98 13 55, Fax 081 99 23 38, www.ilmoresco.it,* €€€

Pensione Il Monastero **[U F4]** Inside Tipp
Hoch auf der Aragoneserburg wohnt man einfach, aber stilvoll in

Hotel mit herrlichem Weitblick: das Giardino delle Ninfe & La Fenice

den Zellen des ehemaligen Klarissenklosters: ein Tipp für Romantiker und Individualisten. Mit atemberaubender Panoramaterrasse fürs Frühstück. *21 Zi., Castello Aragonese, Ischia Ponte, Tel./Fax 081 99 24 35, www.castelloarago nese.it, €€*

Punta Molino Terme **[U D2]**

Ein elegantes Grandhotel im wahrsten Sinn des Wortes: Stilmöbel und Gobelins bei modernstem Komfort. Ruhige Lage in einem Pinienhain dicht am Meer, Privatsandstrand und Thermalanlagen. *75 Zi., Lungomare C. Colombo, Ischia Porto, Tel. 081 99 15 44, Fax 081 99 15 62, www.puntamoli no.it, €€€*

Villa Antonio **[U E4]**

Steile Treppen führen vom Meer durch den romantischen Garten zur rosa Villa hinauf. Die Terrasse ist von anmutigen Skulpturen des Giovanni De Angelis aus der Künstlerfamilie der Eigentümer geschmückt. Ein Hotel ohne große Ansprüche, aber mit Boheme-Flair. *14 Zi., Via San G. G. della Croce 1, Ischia Ponte, Tel. 081 98 26 60, Fax 081 98 39 41, www.villanto nio.com, €*

FERIENWOHNUNGEN

Wie auch in den Hotels schwanken die Preise je nach Jahreszeit; den Höchststand erreichen sie im Juli und August. Einfache Zimmer kann man schon für 40 Euro pro Tag bekommen, besser ausgestattete Zwei- oder Dreizimmerwohnungen können sogar 1500 Euro die Woche kosten. Die meisten Ferienwohnungen werden direkt von privat vermittelt, doch auch ein paar Agenturen helfen weiter, zum Beispiel *Emozioni Viaggi, Via Roma 51, Ischia Porto, Tel. 081 99 10 12, Fax 081 99 12 47, www.emozioniviag*

gi.it oder *Ischiamarket, Via Iasolino 21 (Pier Banchina Olimpica), Ischia Porto, Tel./Fax 081 98 20 61.* Oder über das Internet: *www.ischiareal estate.it; www.ischiaonline.it/isch ia/restate.*

THERMALBÄDER

Etwa 25 Hotels in Ischia Porto und Ischia Ponte haben ihre eigene Thermalabteilung. Die Kur- und Behandlungspreise richten sich nach der Hotelkategorie.

Es gibt aber auch öffentlich zugängliche Thermalanlagen, wie das *Ischia Thermal Center – Salute & Bellezza* **[U D2]**: Allroundanlage mit modernen Einrichtungen im zentralen Ortsteil *Villa Bagni.* Bereit gehalten wird ein breit gefächertes Angebot an Kuranwendungen auf vielen medizinischen Gebieten: Rheumatologie, Traumatologie und Sportmedizin, Hals-Nasen-Ohren-Heilkunde, Gynäkologie, Dermatologie und Kosmetik. Von November bis März Spezialangebote für Kur- und Beautybehandlung. *Ganzjährig an Wochentagen von 7–12 Uhr, Via delle Terme 15, Tel. 081 98 43 76, www.ischiathermalcenter.it*

STRÄNDE

Ischia ist eine Badeinsel par excellence – wobei man natürlich zunächst an die Thermalbäder denkt. Es gibt aber auch schöne Sandstrände, von denen allerdings die berühmtesten außerhalb des Gebiets von Ischia Porto und Ischia Ponte liegen. Zumeist gelten folgende Tarife: *Eintritt mit Benutzung des Umkleideraums ca. 1,60 Euro, Liegestuhl ab 2 Euro, Liege ab 5 Euro, Sonnenschirm ab 3 Euro*

Badestrände

Cartaromana **[U E5]**: Der Sandstrandstreifen liegt unterhalb einer steilen, im Süden von einer wildromantischen Schlucht begrenzten Felswand. Am leichtesten zu erreichen über die Via Nuova Cartaromana. Vom Ortsteil San Michele kann man auch eine Treppe aus schwarzem Lavastein erreichen, die zu jener Stelle hinunterführt, wo 40 Grad warme Quellen im seichten Meerwasser sprudeln. Oder man lässt sich von einem Taxiboot von Ischia Ponte (beim Burgdamm) hinfahren (ca. 2,50 Euro), zum Sonnetanken auf den Klippen oder auch, um in den netten Trattorien wie *I Pirati* oder *Maria* einzukehren. Antike Ruinen auf dem Meeresgrund ziehen Taucher an.

Dem Strand sind die *Scogli di Santa Anna* vorgelagert (etwa ein Dutzend Felsklippen, benannt nach der oberhalb stehenden Kapelle der heiligen Anna am alten Friedhof). Die beiden größten Brocken heißen *A Seggia* und *Munsignore.* Ein Steg führt zu einem flachen Felsen aus dem Thermalpark *Giardino Eden,* dessen Gäste sich dort, vom Meer umgeben, in der Sonne aalen.

Spiaggia dei Pescatori **[U E3]**: Nördlich vom Kastell ist am Ostufer der »Strand der Fischer« etwa zweimal so groß wie der von Cartaromana. Teils frei zugänglich, teils mit kleinen Badeanstalten. In der Hochsaison voll und chaotisch.

Spiaggia Lido – Spiaggia di San Pietro: Zwischen *Punta Molina* und *Punta San Pietro* **[U C1–D2]**, also östlich vom Hafen, am Nordufer, erstreckt sich der größte zusammenhängende Sandstrand von Ischia Porto. Auch hier wechseln sich Badeanstalten mit frei zugäng-

Platz zum Sonnen, Schauen und Springen: Badeklippen in Ischia Porto

lichen Abschnitten und kleinen Gaststätten ab, wie z. B. *Isola Verde* oder *Dei Fiori*. Trotz Hafennähe einigermaßen sauberes Wasser, in der Hochsaison chaotisch, doch in der Nebensaison, wenn man mit den Fischern, Booten, Netzen und Hunden quasi unter sich bleibt, kommt eine geradezu poetische Stimmung auf.

Insider Tipp *Spiaggia degli Inglesi* **[U A1]**: Der »Strand der Engländer« trägt nicht umsonst seinen Namen. Sogar Winston Churchill hat seine Schönheit gerühmt. Richten Sie sich auf der Fahrt nach Casamicciola, westlich vom Hafen, nach dem Schild, das den Weg zum steilen Abhang anzeigt. Unterhalb der Felswand liegt ein kleiner, ruhiger Strand mit Badeanstalt und Trattoria.

AM ABEND

Blue Jane **[U B1]**

Die größte Sommerdisko von Ischia Porto. In poppigem Ambiente tanzt man bis 5 Uhr morgens. Frische Luft schnappen kann man auf einem Felsen am Meer oder im Garten. *Am Ende der Via Iasolino, dicht an der Hafenmole*

Calise **[U D3]**

Jeden Abend um 21 Uhr *Caffè Concerto* – nur zum Lauschen.

Castillo de Aragon **[U F4]**

2003 war es eine heiße Disko, 2004 ein begehrter Pub. Und was wird demnächst aus diesem Lokal am Fuß des Burgbergs? Lassen Sie sich überraschen. *Am Ende des Damms zur Aragoneserburg*

Fly **[U D2]**

Schickes Tanzlokal mit Liveorchester, Gesang zum Träumen. Ab Mitternacht gehört das Parkett den Diskofreaks. *Corso V. Colonna 152*

Gatto Bianco **[U D2]**

Pianobar an der *Piazzetta San Gerolamo (nur im Sommer).*

Millenium Café **[U C1]**
Tagsüber ein Internetcafé, abends eine beliebte Diskobar an der »Rive Droite«. *Mo geschl., Via Porto, www.milleniumcafe.com*

New Valentino **[U D2]**
Im bekanntesten Nachtlokal Ischias tanzt ein etwas reiferes Publikum vor Ischia-Veduten abwechselnd zu softer Pianomusik oder zu Diskoklängen. *Tgl., in den Wintermonaten nur Do–So, Corso V. Colonna 97, Eintritt 7–18 Euro*

Pane & Vino **[U C1]**
An der »Rive Droite«: sympathische Osteria mit guten Imbissen und erstklassigen Ischia-Weinen. *Tgl., nur abends, Via Porto 24, Tel. 081 99 10 46, €*

Insider Tipp **Turbo-Play** **[U D2]**
Brandneues Lokal mit Snacks, Cocktails, Musik, Billard und integriertem Internetcafé. *Tgl. bis 3 Uhr nachts, www.turboplay.it, Corso V. Colonna 147*

AUSKUNFT

Azienda Autonoma di Cura Soggiorno e Turismo
Das Informationsbüro liegt gleich am Hafen **[U B1]**: *Mo–Sa 9–20 Uhr, Banchina Porto Salvo, Via Iasolino 23, Tel. 081 507 42 31, www.ischiaonline.it*

Die privaten Agenturen helfen weiter bei der Hotelvermittlung, der Organisation von Ausflügen, bei der Beschaffung von Tickets, Klärung von Abfahrtszeiten u. v. m. Zum Beispiel am Hafen: *Ufficio Turistico Romano, Via Porto 5–7, Tel. 081 99 12 15, Fax 081 99 11 67, www.ischiadirecttours.com*

ZIELE IN DER UMGEBUNG

Campagnano **[112–113 C–D2]**
Von San Antuono oder San Michele kommt man bald zum etwas südlicher und höher gelegenen Dörflein Campagnano. Vom Hügel aus ist der Blick auf das Aragonesеrkastell besonders malerisch. Hübsch das Lokalkolorit des kleinen, geschlossenen Kirchplatzes mit der frisch renovierten, mit Majolikakacheln geschmückten *Chiesa dell'Annunziata* (17. Jh.).

Fiaiano **[106 A5–6]**
Südlich von Ischia Porto, am Hang des berüchtigten Monte Arso, dessen 158 m hoher Krater heute bebaut und kaum noch erkennbar ist, liegt das Dorf Fiaiano. Besonders schön ist der Ausblick vom Belvedere auf den Golf von Neapel. Tipp: Steigen Sie zur *Santa-Anna-Kirche* hinunter (der Glockenturm ist so robust wie ein Wehrturm), und scheuen Sie nicht einen erholsamen Spaziergang im beeindruckenden Pinienwald, der heute auf dem ehemaligen Lavastrom von 1301 gedeiht. Insider Tipp

Piano Liguori **[112 C3]** Insider Tipp
Von Campagnano aus erreicht man nur zu Fuß die verschlafene, uralte 20-Seelen-Siedlung auf einem Hochplateau. Der Hohlweg, durch den man wandert, ist grob gepflastert, dann führt zwischen den Weinbergen nur noch ein Saumpfad steil hinauf. Die Mühe lohnt sich – schon wegen des traumhaften Blicks auf Capri.

Überraschend schöne Ausblicke bietet der Rückweg, wenn man oben der parallel verlaufenden Küstenlinie folgt und vor Campa-

Insider Tipp

gnano noch einen kleinen Schlenker hinüber zu den *Torri,* den Turmruinen **[113 D2]** macht.

Procida **[114 C4–5]**

Die kleine Insel Procida ist ein malerisches Fleckchen, wo immer noch der gemächliche Rhythmus des einfachen Fischerdaseins und des ländlichen Lebens weitgehend den Alltag bestimmt.

Kommt man mit dem Ausflugsschiff von Ischia herüber, so sollte man sich dem Fahrer eines Microtaxis anvertrauen. Er kutschiert einen durch die pittoresken Gässchen auf den Festungshügel, die so genannte *Terra Murata* (»gemauerte Erde«) mit der Kirche *San Michele Arcangelo,* zu bezaubernden Aussichtspunkten, dann durch die bukolische Landschaft mit ihren üppigen Obst-, Gemüse- und Weingärten bis hin zur Fußgängerbrücke, die Procida mit der Miniinsel Vivara verbindet. *Vivara,* ehemals königliches Jagdrevier, ist heute Naturschutzgebiet und ein wichtiger Rastplatz für Zugvögel. Das Inselchen darf nur mit einer Sondererlaubnis betreten werden.

Einschiffen kann man sich in den Häfen von Forio, Lacco Ameno, Casamicciola und Ischia Porto. Nach 30 Minuten landet man am Anlegeplatz an der Nordküste Procidas. Viel malerischer als die Häuserfront am Hafen sind die pastellfarbenen Fassaden an der *Corricella-Bucht,* wo die bunten Fischerboote am Fuß des Festungshügels ankern. Schaut man zu der mittelalterlichen Siedlung hinauf, so beeindrucken die massiven Mauern des *Palazzo Baronal,* von dessen Aussichtsterrasse man einen wunderbaren Blick über die Bucht hat. Alle Agenturen auf Ischia bieten Schiffsausflüge nach Procida an (ca. 12 Euro), auch Ganztagesausflüge mit geführter Inseltour (ca. 30 Euro).

Insider Tipp

Procida: Santa Maria delle Grazie in der mittelalterlichen Oberstadt

Sprudelnde Oasen

Der Badeort Ischias mit den meisten Thermalquellen in idyllischer Hügellandschaft

Fare una Casamicciola: Da hat einer ein Desaster angerichtet, ein Chaos veranstaltet. Eine typisch ischitanische Redewendung seit dem tragischen 28. Juli 1883, als Casamicciola, Epizentrum eines heftigen Erdbebens, fast völlig zerstört wurde. Fast 1800 Bewohner starben unter den Trümmern ihrer Häuser. Auch Kurgäste waren darunter, da Casamicciola schon damals ein viel besuchter Thermalkurort war, der älteste und traditionsreichste überhaupt auf Ischia. Denn die brodelnden Kräfte unter dem vom Meer aufsteigenden Hügelgebiet, über das sich die Gemeinde (ca. 7000 Ew.) zwischen Ischia Porto und Lacco Ameno hochzieht, bringen ja nicht nur Zerstörung, sondern vor allem den reichen Segen der zahllosen heißen Quellen. So heißt der Ort seit den 1950er-Jahren denn auch Casamicciola Terme **[104–105 C–D 2–3]**.

Die erste große Thermalanlage wurde 1604 gegründet: die Bäder *Pio Monte della Misericordia,* eine wohltätige soziale Einrichtung, die es mittellosen Kranken aus Neapel ermöglichte, ihre Leiden in Casamicciola zu kurieren. Der heutige gleichnamige, riesige Komplex nahe der Uferstraße stellt den Neubau

Üppig ist die Auswahl an Obst und Gemüse

nach dem Erdbeben dar, ist nunmehr aber seit Jahren verlassen und gammelt hinter halbherzigen Gerüsten vor sich hin, derweil sich die Bürger Casamicciolas in hitzigen Debatten den Kopf darüber zerbrechen, was daraus werden soll. Dabei versucht man derzeit, den Ort, seine Plätze, seine Vergangenheit aufzuwerten.

Der untere Teil Casamicciolas mit einem respektablen Hafen, in dem eine Menge Yachten liegen und ein reger Fährverkehr mit Neapel und den Inseln im Golf herrscht, erstreckt sich an der viel befahrenen und lauten Inselstraße SS 270. Immerhin ist nun zumindest teilweise die zentrale *Piazza Marina* mit Cafés, Grünanlage und Geschäften verkehrsberuhigt worden. Im höher gelegenen Siedlungsteil arbeitet man an der Verschönerung der *Piazza Bagni,* des Zentrums des alteingesessenen Ther-

Überall werden die Mauern von Bougainvilleen umrankt

malbetriebs mit den historischen Thermalanlagen *Belliazzi* und *Manzi*. Letztere wird derzeit renoviert. Ein weiterer Hügelbezirk, Gran Sentinella genannt, bezaubert mit seinen im Grünen verstreuten Villen zwischen Wein- und Obstgärten und mit herrlichen Ausblicken.

SEHENSWERTES

Gran Sentinella [104 B2]
★ In diesem 126 m über dem Meer gelegenen Siedlungsteil auf dem östlichen Hügel mit herrlichen Panoramaausblicken und alten Villen wohnte der italienische Freiheitsheld Giuseppe Garibaldi 1864 in der Villa Zavota am Ende einer Oleanderallee (heute Villa Parodi-Delfino, *Via Castanito 68*). Der norwegische Dramatiker Henrik Ibsen schrieb von Mai bis August 1867 in der Villa Pisani, damals das Albergo Europa, seine ersten Akte zu »Peer Gynt« (nicht leicht zu finden, am Ende der engen Sackgasse *Piccola Sentinella*).

Insider Tipp **Osservatorio Geofisico** [104 B2]
Auf dem Gran-Sentinella-Hügel befindet sich auch das 1885 zwei Jahre nach dem Erdbeben errichtete geophysikalische Observatorium, das unter der Leitung des Triestiners Giulio Grablovitz internationalen Rang auf dem Gebiet der Erdbebenforschung erlangte. 1923 wurde es geschlossen, seit neuestem kann man es es sonntags besuchen. Sehenswert ist ein seismologisches Wasserbecken rechts neben dem kleinen exotischen Garten, grandios die Aussicht vom Dach aus. *April–Dez. So 10–12 Uhr (im Sommer auch 18–22 Uhr), Via Grande Sentinella, Eintritt frei*

Rione Perrone [105 D2]
Aus dem Wiederaufbau Casamicciolas nach dem verheerenden Beben von 1883 stammt diese so genannte Barackensiedlung, eine dicht gedrängte Ansammlung von Häuschen, damals als Provisorium gedacht und heute als denkmalgeschütztes Gassenviertel Perrone im unteren östlichen Ortsteil zu bestaunen.

Terme Belliazzi [104 C3]
★ Ischias einzige Thermalanstalt, in der man unter der Erde die Quellanlage und die Fangoaufbereitung erleben kann. Teile der Bögen und Pfeiler in der geheimnisvollen *Gurgitello-Grotte* sollen noch aus der Römerzeit stammen. *Besichtigung der Quellgrotten nur mit Begleitung nach Anfrage beim Pförtner, links vom Eingang (Trinkgeld empfohlen), Piazza Bagni*

Terme Manzi [104 C3]
In einer der Einzelbadekabinen kann man die einzige aus dem 19. Jh. erhalten gebliebene Marmorwanne besichtigen. Der Freiheitskämpfer Giuseppe Garibaldi nutzte sie 1864 zu einem Heilbad, um nach der Schlacht von Aspromonte eine Beinwunde zu kurieren. *Piazza Bagni*

KIRCHEN

Madonna del Buon Consiglio [104 C2]
Muttergottes des Guten Rats: von Seeleuten und Fischern erbautes Kirchlein gegenüber dem Hafen. Schönes Stuckwerk und drei Altäre mit buntem Marmor aus Mondragone (nördlich von Neapel). *Piazza Marina*

Maria SS. della Pietà [104 C2]
Die neoklassizistische, hell getünchte Fassade stammt von 1897 und zeigt am Eingang zwei bezaubernde fackeltragende Majolika-Putten mit grüngelben Flügeln, grünem bzw. blauem Gewand. In der Apsis gibt es eine wertvolle Kreuzabnahme des Barockmalers Andrea Vaccaro (1598–1670) aus dem Jahr 1643. *Corso Luigi (Seeufer)*

Santa Maria Maddalena [104 C3]
Der Schutzpatronin der Gemeinde geweihte dreischiffige Pfarrkirche. Sie wurde nach dem Erdbeben von 1883 in Form eines lateinischen Kreuzes völlig neu aufgebaut. *Piazza Parrocchiale*

ESSEN & TRINKEN

Bar Calise [104 C2]
Zentraler Treffpunkt gegenüber dem Hafen mit alter Tradition aus den 1920er-Jahren, doch leider im Inneren stillos modern erneuert. Angenehm die schattige Terrasse, empfehlenswert das Eis. *Bis spät in die Nacht, Piazza Marina*

Il Focolare [105 E4]
★ Die meisten Restaurants verblassen, hat man dieses ganz in den Hügeln versteckte Restaurant einmal entdeckt. Hier erlebt man eine Tradition der Hausmannskost vom Allerfeinsten. Padrone Riccardo d'Ambra ist bewusster Bekenner des so genannten »Slow Food«: Die Gäste sollen in hier in grüner Umgebung abschalten und sich ein sinnliches Mahl auf der Zunge zergehen lassen. Loretta, seine Frau, verwendet nur typisch mediterranes Gemüse, Kräuter und Wurzeln aus dem eigenen Garten. Es wird Wert auf eine Küche mit saisonalen Produkten gelegt: Jedes Gericht ist eine kleine lukullische Sensation! *Tgl. abends, Sa u. So auch mittags, im Winter Mi geschl., Via Cretaio al Crocifisso, Tel. 081 90 29 44, www.trattoriailfocolare.it, €€*

EINKAUFEN

L'Amarillide [104 C2]
Mode von typisch italienischer Eleganz und nette Beratung. *Via Monte della Misericordia 43*

MARCO POLO Highlights »Casamicciola«

★ **Il Focolare**
Wiederentdeckung der uralten Bauerntradition in Küche und Folklore (Seite 43)

★ **Terme Belliazzi**
Besichtigen Sie die altrömischen Quellgrotten! (Seite 42)

★ **Mennella**
Keramikfabrik mit dem größten Sortiment auf der Insel (Seite 44)

★ **Gran Sentinella**
Schon Garibaldi genoss den wunderschönen Blick vom östlichen Hügel (Seite 42)

Die MARCO POLO Bitte

Marco Polo war der erste Weltreisende. Er reiste in friedlicher Absicht, verband Ost und West. Er wollte die Welt entdecken, fremde Kulturen kennen lernen, nicht zerstören. Könnte er heute für uns Reisende nicht Vorbild sein? Aufgeschlossen und friedlich sollte unsere Haltung auf Reisen sein. Dazu gehören auch Respekt vor Mensch und Tier und die Bewahrung der Umwelt.

La Cantina **[104 C2]**
Der Name sagt es schon: einheimische Weine und Liköre in Hülle und Fülle. *Lungomare 55*

Iacono **[104 C2]**
Die kleine Parfümerie verkauft die gefragten Kosmetikprodukte des Dr. Morgera aus Fango. Die Marke heißt »Terme dell'Isola d'Ischia«. *Piazza Marina 13*

Kèramos **[104 C3]**
In dem versteckten Keramikladen kann man den Kunsthandwerkern bei der Arbeit über die Schulter schauen. Es entstehen kleine Prachtwerke. *Via d'Aloisio 89 (neben der Piazza Maio)*

Mennella **[105 E2]**
★ Hat man schon die bunten Vasen und Majolikakacheln in den Schaufenstern der Mennella-Läden in Ischia Porto oder Lacco Ameno beäugt, lohnt es sich, auch die 400 Jahre alte Keramik- und Terrakottafabrik aufzusuchen. Leider passt man sich in letzter Zeit immer mehr dem Souvenirgeschmack der Massentouristen an. *Betriebsbesichtigung an Werktagen möglich: 8–13 u. 15–17 Uhr, Verkauf bis 20 Uhr, Via Salvatore Girardi 47 (an der SS 270 am östlichen Ortseingang)*

Sport Action **[104 C2]**
Hochaktuelle Sportmoden, Oakley-Brillen und mehr. *Piazza Marina*

ÜBERNACHTEN

Monti **[104 B3]**
Sympathisches, familiär geführtes Hotel in ruhiger Lage in den Hügeln, mit Swimmingpool und einer herrlichen Aussicht. *26 Zi., Calata S. Antonio 7, Tel. 081 99 40 74, Fax 081 90 06 30, www.ischiahotels.it/alberghi/monti,* €

L'Oasi Castiglione **[105 E2]**
Das kleine, aber feine Hotel nennt sich zu Recht Oase: Es liegt inmitten des zauberhaften Thermalparks Castiglione. Der Gast hat freien Zugang zu den Parkeinrichtungen und an den Strand. *13. Zi u. Apt., Via Castiglione 36, Tel. 081 98 25 52, Fax 081 98 27 47, www.ischiahotels.it/alberghi/castiglione,* €€€

Poggio Aragosta **[104 B3]**
Vor der Kulisse der Hänge des Epomeo Richtung Fango verteilt sich diese geschmackvolle Anlage in üppiger Vegetation, mit Thermalpool und Shuttleservice in den Ort. *38 Zi. und Apt., Via Montella 174 (Strada Borbonica), Tel. 081 98 02 36, Fax 081 99 56 67,* €– €€

Insider Tipp

Residence Paradise [104 B3]

Ein verstecktes kleines Hotel hoch oben am Observatoriumshügel vor dem Wald am Epomeo: Es hat nur 20 Zimmer und Apartments, aber alle mit Balkon und einem atemberaubenden Blick aufs Meer. *Via Grande Sentinella 10, Tel. 081 99 62 63, Fax 081 99 59 31, €*

Villa d'Orta [104 C2]

Ein freundliches, kleines Familienhotel in herrlicher Panoramalage. Es bietet einen Pool und außerdem Preisnachlass für junge Leute. *23 Zi., Via Piccola Sentinella, Tel. 081 99 47 00, Fax 081 99 59 21, www.ischiaweb.it/villadorta, €*

STRÄNDE

Neben dem Strand von *Castiglione* **[105 E2]** gibt es in Casamicciola noch zwei weitere: *Bagnetielli* **[105 E2]** und *Perrone* **[105 D2]** am Hafen. Letzterer lässt allerdings leider an Sauberkeit zu wünschen übrig.

AUSKUNFT

Tourismusagentur Avet Aenaria [104 C2]

Hier kann man Unterkünfte, Ausflüge, Boote, Skooter und alles für Sportaktivitäten buchen. *Piazza Marina 20, Tel. 081 99 48 80, Fax 081 99 44 41, www.ischia.org*

ZIEL IN DER UMGEBUNG

Monte Rotaro [105 E3]

Ein vulkanisches Naturwunder lädt zum romantischen Kraterbesuch ein. Man muss nicht unbedingt bis zum höchsten Punkt (266 m) des Kraterrands steigen. Folgt man den leicht steilen Serpentinenwindungen der *Via Cretaio,* so erreicht man den Linksabzweig, von dem ein kurzer Fußweg zum zaunbegrenzten Rastplatz führt. Der Blick hinunter in die Tiefe des waldbewachsenen Kraters und hinauf, wo die Mulde sich gegen den blauen Himmel abzeichnet, kann einem den Atem verschlagen.

Über dem Meer liegt der Castiglione-Thermalpark mit zehn Schimmbecken

Zwischen Fungo und Fango

Heilschlamm, Keramikkunst und Mäzene machten aus der ehemals griechischen Siedlung einen noblen Kurort

Man sitzt im Schatten des Mäuerchens im netten Le Petit Café und schaut auf die gartenähnliche *Piazza Santa Restituta* mit ihren Straßencafés, den schönen Thermalanlagen aus den 1950er- und 1960er-Jahren und der Kirche Santa Restituta und lässt es sich beim erfrischenden Cocktail gut gehen. Oder man wählt das Café Triangolo am Meeresufer mit Blick auf *Il Fungo* – Lacco Amenos Wahrzeichen –, den kuriosen, trotzig aus dem Meer ragenden Pilz neben der kleinen Hafenmole: womöglich der dickste unter den Tuffsteinbrocken, die in uralten Zeiten vom Monte Epomeo den Hang hinuntergerollt sind. Die Uferpromenade zieht sich freundlich dahin und lädt zum Bummeln ein. Im Nordwesten schiebt sich der *Monte Vico,* der Hausberg Lacco Amenos, ins Meer, davor liegen schöne, luxuriöse Hotels. Hier beginnt man zu begreifen, weshalb viele meinen, dies sei zwar der kleinste, aber bei weitem der feinste Ort auf ganz Ischia.

Traumlage: Ganz am Ende der Bucht von San Montano findet sich das Luxushotel Mezzatorre

Lacco Amenos Wahrzeichen: der Tuffsteinpilz »Il Fungo«

Vom Fungo bis nach Fango ist es nur ein Katzensprung, Luftlinie kaum mehr als 1 km. Und auch von West nach Ost misst Lacco **[103 D–F 2–3]** nur 2 km. 1863 fügten die Bewohner dem Namen griechischen Ursprungs (*lakkos* für Grube, Wasserloch) das vom Lateinischen *amoenus* (lieblich) abgeleitete »Ameno« hinzu. Das Dörfchen *Fango* am Hügel ist übrigens nicht nach dem weltweit berühmten Heilschlamm benannt worden – sondern genau umgekehrt: Dieser wurde nach seinem Fundort getauft. Die knapp 4000 Ew. Lacco Amenos sind noch auf zwei weitere Ereignisse und Namen aus Geschichte und Legende stolz. Pithecusa, die erste griechische Siedlung in Italien (um 770 v. Chr.), befand

Gleich jenseits der Uferpromenade: der Strand von Lacco Ameno

sich am heutigen Monte Vico. Sie gab der ganzen Insel ihren Namen in der Antike, abgeleitet von *pithos* (Tongefäß). Nicht von ungefähr: Das reiche Vorkommen von Ton begünstigte das Aufblühen der griechischen Keramikkunst. Berühmt ist der in den 1950er-Jahren von Giorgio Buchner in der Bucht von San Montano entdeckte »Nestorbecher«. Ihn ziert die älteste im westlichen Mittelmeerraum erhaltene griechische Inschrift (um 730 v. Chr.): eine Widmung in drei beschwingten Versen an die Liebesgöttin Aphrodite, zu sehen im lokalen Archäologischen Museum.

Am Sandstrand der so idyllischen Bucht, westlich vom Monte Vico, fügt sich der zauberhafte *Thermalpark Negombo* harmonisch in die prachtvolle Landschaft ein. An diesem Ufer soll der Legende nach das Boot der heiligen Restituta – Laccos Schutzpatronin – gestrandet sein. Ihr ist die Kirche auf dem Hauptplatz Laccos am westlichen Ende der Uferpromenade geweiht. Dem Verleger Angelo Rizzoli hat Lacco Ameno zu verdanken, dass es sich in den 1950er-Jahren zu einem Nobelkurort mauserte. Neben einer neuen Thermalanstalt mit imposantem ionischem Säulengang entstand am Platz dank Rizzolis Initiative auch ein Luxushotelensemble. Lacco Ameno wurde bald zum beliebten Treffpunkt der italienischen und ausländischen Hautevolee, und es fehlt auch heute nicht an Highsociety, Highlife und Läden für die Schickeria.

Last but not least besitzt Lacco einen Superlativ: Die Einwohner sind davon überzeugt, ihre Thermalquellen seien die radioaktivsten der Welt. Ganz stimmt das zwar nicht, aber sie gehören zweifellos dazu. Sogar die Physik- und Chemie-Nobelpreisträgerin Marie Curie interessierte sich während eines Erholungsaufenthalts in Lacco Ameno für diese radioaktiven Quellen. In der Säulenhalle der *Thermen Regina Isabella* hält neben dem Eingang eine Gedenktafel das Datum ihres Forschungsbesuchs fest, den 7. August 1918.

SEHENSWERTES

Monte Vico, Torre Aragonese [103 E1–2]

Von der Piazza Santa Restituta führt ein kurzer, steiler Weg hinauf zum *Monte Vico* (116 m) mit Blick auf Lacco Ameno, Casamicciola und den Golf von Neapel. Die *Via Nuova Monte Vico* führt zum idyllischen Friedhof und zu dem im 14. Jh. vom Aragonierkönig Alfons auf römischen Grundmauern errichteten Wachturm *Torre Aragonese,* der heute als Friedhofskapelle genutzt wird. Oben auf dem Berg liegt das Hotel San Montano.

Museo e Scavi archeologici di Santa Restituta [103 E2]

★ Das Museum entstand Anfang der 1950er-Jahre, nachdem bei Restaurierungsarbeiten unter dem Boden der Santa-Restituta-Kapelle die frühchristliche Krypta mit zahlreichen Gräbern entdeckt wurde. Pfarrer Don Pietro Monti, selbst leidenschaftlicher Liebhaber der Archäologie und Anhänger des großen Ischia-Forschers Giorgio Buchner, sorgte nach der erfreulichen Überraschung für die Fortsetzung der Ausgrabungen – aus eigener Initiative und ohne öffentliche Hilfe. So kann man heute nicht nur museale Ausstellungsstücke besichtigen, sondern an Ort und Stelle ein Szenarium aus Kultur, Leben und Tod der Ischitaner – von der frühen griechischen Zeit bis zur ersten christlichen Ära – erleben. Eine richtige kleine Siedlung mit Keramikbrennöfen, Werk- und Spielzeugen, Gräberfeldern (mit Bestattungsarten nach phönizischem, punischem und griechisch-römischem Brauch: in Amphoren oder mit überdachten Grabstätten). Unter der Erde führt der Weg unmittelbar an den freigelegten Funden vorbei. *April–Okt. Mi–Sa 9.30–12.30 u. 15–17, So 9.30–12.30 Uhr, Nov.–März nur Sa, So 9.30–12.30 Uhr*

MARCO POLO Highlights »Lacco Ameno«

★ **Archäologisches Museum von Pithecusa**
Von der Frühgeschichte bis zur Römerzeit (Seite 50)

★ **Negombo**
Grandiose Thermalanlage in der idyllischen Bucht von San Montano (Seite 53)

★ **Terme Regina Isabella e Santa Restituta**
In den Quellen dieser Therme forschte die Nobelpreisträgerin Marie Curie (Seite 52)

★ **Museo e Scavi archelogici di Santa Restituta**
Eintauchen in die griechische und christliche Vergangenheit Ischias (Seite 49)

Die Piazza Santa Restituta ist das Zentrum von Lacco Ameno

Villa Arbusto **[103 E2]**

Die dekorative Villa Arbusto aus dem 18. Jh. fügt sich mit ihrer frisch weiß getünchten Farbe und der anschließenden halbkreisförmigen Pergola harmonisch in den am Abhang angelegten Garten ein. Ein kleines ischitanisches Paradies, reich an mediterraner Vegetation. Von der Pergola aus hat man einen herrlichen Blick auf den Golf. Die renovierten Säle der Villa bieten einen würdigen Rahmen für die archäologischen Schätze, die größtenteils Giorgio Buchner ausgegraben hat. Im ★ *Archäologischen Museum von Pithecusa* faszinieren die Funde aus der Vorgeschichte bis zur Römerzeit. Nicht versäumen: den *Nestorbecher* und den *Terrakotta-Maultierkarren.* Auf der Terrasse sind die alte Natursauna *(stufa)* und daneben die Hauskapelle mit Freskenspuren sehenswert. Illustrer Gast von gestern: Napoleons Mutter Letizia Ramorino (1805).

In den 1950er-Jahren war die Villa der Wohnsitz des großen italienischen Verlegers Angelo Rizzoli, der aus Lacco Ameno den edlen Kurort machte. In einem Villentrakt zeigt eine interessante Fotoausstellung die Glamourjahre Ischias mit Rizzolis Gästen – wie Richard Burton, Sofia Loren, Herbert von Karajan, Ava Gardner und vielen anderen. *Di–So 9.30–12.30 u. 16–19.30 Uhr, Nov.–März geschl., Corso Angelo Rizzoli 210*

Insider Tipp

KIRCHEN

Santa Maria delle Grazie **[103 E2]**

An der Uferpromenade: schlichte Barockkirche der Fischer mit einem schlanken weißen Glockenturm (beide von Kuppeln gekrönt). Rechts am Eingang eine antike *Herakles-Statue,* nicht nur mit dem üblichen Löwenfell und Knüppel ausgestattet, sondern auch noch mit dem Weihwasserbecken beladen. Die mit Barockengeln und -ornamenten umgestaltete Holzkanzel (15. Jh.) stammt vermutlich aus der alten Kathedrale von Ischia Ponte. *Anfang Corso Angelo Rizzoli*

Santa Restituta **[103 E2]**
Die 1883 vom Erdbeben zerstörte Barockkirche wurde nach dem Wiederaufbau am 2. Juli 1886 eingeweiht. Die Fassade stammt aus dem Jahr 1910. Der Architekt verwendete eine besondere erdbebensichere Technik bei der Errichtung der 24 korinthischen Säulen. Das Hauptaltarbild (heiliger Augustinus des Neapolitaners Filippo Balbi) übertrifft an Qualität die Serie von zehn – ziemlich kitschigen – Bildern oberhalb der Seitenkapellen. Auf diesen erzählt der Maler Ferdinando Mastroianni die Legende der heiligen Restituta. Die wechselhafte Geschichte der Kirche geht zurück bis in die Anfänge des Christentums in Lacco Ameno im 4. Jh. n. Chr.. *Piazza S. Restituta*

ESSEN & TRINKEN

Delfino **[103 E2]**
Uriges Fischrestaurant direkt am Meer. Wird jeden Sommer gerne von italienischen Stammgästen aufgesucht. Köstlich schmecken die *spaghetti allo scoglio* (mit Venus- und Miesmuscheln). *Im Sommer tgl. mittags u. abends, Corso A. Rizzoli 106, Tel. 081 90 02 52, €–€€*

Francischiello **[103 E3]**
Das schlicht-rustikale Verandarestaurant (Kamin aus Tuffstein) liegt in ländlicher Umgebung am Hügel mit Blick aufs Meer. Zu empfehlen: Köchin Concettas Leibgericht *bucatini al sugo di coniglio* (dünne Makkaroni in Kaninchensauce). *Di geschl., Via Pannella 71, Tel. 081 99 47 85, €*

Le Petit Cafè **[103 E2]**
Cocktails und südliche Stimmung bis Mitternacht an der zentralen Piazza Santa Restituta. *Corso Angelo Rizzoli 148*

Il Triangolo **[103 F2]**
Der Treff schlechthin für einen guten Espresso oder den Abend-Aperitif. Den Blick auf den Fungo gibt es gratis dazu. *Via Roma*

EINKAUFEN

Andy **[103 E2]**
Schuhe und nochmals Schuhe, von elegant bis ausgefallen, von handfest bis spitz und hoch. *Corso Angelo Rizzoli 172*

Ischia Tessile De Vivo **[103 E2]**
Wunderschöne gewebte und geklöppelte Bade- und Tischwäsche. *Via Roma 34*

Riz **[103 E2]**
Elegant der Laden im Marine-Look, ebenso das Angebot für den klassisch-elegant gekleideten Sportler. *Corso Angelo Rizzoli 160*

Il Tarlo **[103 E2]**
Echter alter Schmuck sowie exzellent nachempfundener. *Corso Angelo Rizzoli 83*

ÜBERNACHTEN

Albergo Terme di San Montano **[103 E2]** Insider Tipp
Diese vornehme Herberge schmückt die Spitze des Monte Vi-

co. Es gibt keinen schöneren Aussichtspunkt in Lacco Ameno. Die Zimmereinrichtung erinnert an englische Schiffsmöbel. Eigene Kurabteilung, zwei große Swimmingpools auf der Terrasse, Tennisplatz, Bocciabahnen im Garten. Ansonsten steht den Gästen das gleiche Sportangebot wie im Hotel Regina Isabella zur Verfügung. *62 Zi., Via Monte Vico, Tel. 081 99 40 33, Fax 081 98 02 42, www.albergosanmontano.it,* €€€

Regina Isabella & Royal Sporting Terme [103 E2]

Die vom Verleger Angelo Rizzoli Ende der 1950er-Jahre ins Leben gerufene VIP-Luxusherberge neben Ischias bekanntestem Thermalbad, den ★ *Terme Regina Isabella e Santa Restituta.* Außen modern, mit Balkon- und Terrassenfront am Meer, innen nur mit Stilmöbeln eingerichtet. Der Empfangschef erinnert sich gern an prominente Gäste wie Sofia Loren und Soraya. Die Dépendance *Royal Sporting* über den Klippen bietet 17 Suiten an – alle mit Meeresblick. An Kurmöglichkeiten, Komfort, Unterhaltung und Gastronomie wird alles Wünschenswerte geboten. *134 Zi., Piazza S. Restituta, Tel. 081 99 43 22, Fax 081 90 01 90, www.reginaisabella.it,* €€€

La Reginella [103 E2]

Ein nettes, altmodisches Hotel an der Piazza Santa Restituta. Angenehme Besonderheiten: Hallenthermalbad im Jugendstil mit tropischen Gewächsen um das Bassin; schöner, ruhiger Garten mitten im Ortskern, mit Epomeo-Blick auch von Pool und Tennisplatz aus. *90 Zi. im Hauptgebäude und der Villa O'Pignatiello, Piazza S. Restituta, Tel. 081 99 43 00, Fax 081 98 04 81, www.albergolaregi nella.it,* €€–€€€

Terme Regina Isabella: Ischias bekannteste Therme mit illustren Gästen

Königliches Liebesnest

»Wahre Lebenslust!«, schwärmte der hohe Gast

Bayernkönig Ludwig I. besuchte Ischia vier Mal, schon 1805 als Kronprinz und auch 1830: Der hohe Kurgast reiste inkognito und verweilte unter dem Namen Conte d'Augusta in der ehemaligen Locanda »La Pannella« in den Hügeln von Lacco Ameno, der damals einzigen Herberge auf Ischia. Dies auch, um ungestörte Tage mit der 27-jährigen Gräfin Mariannina Fiorenzi aus Perugia zu verbringen. Das tiefe Gefühl füreinander ließ die beiden ein Leben lang nicht los: Das beweisen seine fast 3000 an sie gerichteten und fast 2000 von ihr erhaltenen Briefe!

Terme San Lorenzo **[103 D2]**
Die richtige Adresse für den Familienurlaub, mit herrlichem Blick auf Meer und Epomeo. Zwei Swimmingpools (mit Thermal- bzw. Meerwasser). Bekannter als die Thermalquelle war in früherer Zeit das Sudatorium *Stufe di San Lorenzo* in Hotelnähe: ein natürliches Schwitzbad. *48 Zi., an der SS 270, km 23,8, Tel. 081 99 41 15, Fax 081 98 77 57, www.albergosanlorenzo.com*, €€

AM ABEND

Hotel Terme di Augusto **[103 D2]**
Im Konferenzsaal (200 Plätze) des Hauses findet im September ein internationales Festival zeitgenössischer Musik statt mit namhaften Künstlern. *Tel. 081 99 49 44, www.termediaugusto.it*

Negombo **[103 D2]**
★ Die beliebtesten Italo-Schlagersänger treten von Juli bis August auf der Freilichtbühne des Negombo-Thermalparks an der schönen San-Montano-Bucht auf (zehn Konzerte sind es insgesamt). *Tel. 081 98 63 90*

Villa Arbusto **[103 E2]**
Im Sommer finden hier Kammermusikkonzerte statt. *Info: Rathaus, Tel. 081 98 60 58*

AUSKUNFT

Das Reisebüro *Isolaverde Viaggi* ist für die Ischitaner ein Reisebüro, für die Inselgäste Anlaufstelle für Ausflüge, Quartiervermittlung etc. *Piazzetta Pontile 1/3, Tel. 081 99 59 41, Fax 081 99 53 29, www.isolaverdeviaggi.it*

ZIEL IN DER UMGEBUNG

Strada Borbonica
Von der Piazza Girardi am Seeufer erreicht man nach ca. 1 km über die Via Provinciale Lacco–Fango die *Bourbonenstraße*, eine Querverbindung im Landesinneren von *Maio* **[104 B3]** bis *Monterone* **[102 C5]**. Eigentlich ist das keine besonders spektakuläre Panoramastraße, aber sie gewährt Einblicke in das noch ursprünglich gebliebene Landleben. Kurz vor Monterone blickt man auf das Westufer von San Francesco bis Punta Caruso.

Mondänes Leben und ruhige Winkel

In den 1950er-Jahren beliebt bei Literaten, Musikern und Schauspielern – heute wieder in

Außergewöhnliche Blüte: Hibiskus

Die schönste Spitze auf der Westseite Ischias ist das von Klippen umgebene Felsplateau, auf dem sich das schlohweiß gekalkte Seefahrerkirchlein Santa Maria del Soccorso erhebt. Weithin sichtbar, scheint es über dem Meer zu schweben, und von seinem Kirchvorplatz bietet sich ein phantastischer Rundblick auf die Häuser von Forio **[102 B–C5]** vor dem Hintergrund des mächtigen Epomeo-Gipfels sowie die Küstengebiete gen Norden und Süden dieser mit 14 000 Ew. zweitgrößten Gemeinde Ischias: Der Blick schweift von der zerklüfteten, bewaldeten Landzunge Zaro mit der Spitze *Punta Caruso* im Norden über die weiten, einladenden Sandstrände *San Francesco* und *Chiaia,* den Hafen Forios und gen Süden zur *Citara-Bucht* vor der Kulisse der ins Meer aufragenden Felskuppe *Punta Imperatore.* Der Name Forio könnte aus dem italienischen *rifiorì* (blühte wieder auf), nach poetischen Gemütern sogar aus *fiore* (Blume) hergeleitet werden – das Blumenmotiv im Stadtwappen dürfte Letzteren recht geben. Wie dem auch sei: Diese Schmeicheleien verdient Forio auch. Der *Citara-Strand* trägt sogar den Namen der Schönheitsgöttin Venus Cytherea. Ihren Tempel ersetzt heute die dem Meeresgott Poseidon gewidmete, für viele die prächtigste, mit Sicherheit aber die größte Thermalanlage Ischias.

Entspannen im Thermalbecken der Giardini Poseidon von Forio

Anders als Ischia, Handelszentrum der Insel, machte sich Forio als Kulturzentrum einen Namen. Besonders in den 1950er-Jahren war Forio für internationale Künstler, Literaten und Leute der Film- und Theaterwelt mehr als ein Urlaubstipp. Ort und Umgebung galten als eine Quelle der Inspiration.

Zu jener Zeit war im Herzen des Städtchens das Café *La Maria – Bar Internazionale* der beliebte Treffpunkt vieler nonkonformistischer Schriftsteller wie W. H. Auden, Tennessee Williams und Truman

Für Autos eigentlich nicht vorgesehen: Altstadtgasse in Forio

Capote, der sich im Jahr 1949 monatelang in der nahe gelegenen Pension Di Lustro einquartiert hatte. Literatur-Nobelpreisträger Pablo Neruda schaute öfters vorbei, und die beiden Enfants terribles, der Regisseur Pier Paolo Pasolini und der Schriftsteller Alberto Moravia diskutierten im Schatten der duftenden Glyzinien bis tief in die Nacht hinein. Ihnen wurde der kühle lokale Weißwein persönlich von der kratzbürstigen Padrona, Maria Senese, serviert. Sie starb 1979, ihre Person von einem Mannsweib bleibt aber, als Türkenbaba, in der Auden-Kallmann/Strawinski-Oper »The Rake's Progress« verewigt. Die Bar existiert noch, doch ihr Künstlerflair ist längst verweht. Aber die Glyzinien, die Ficus-benjamini-Bäume und der moosbewachsene Springbrunnen auf der Piazzetta: Sie erinnern sich noch daran.

Zudem liegt die Bar an der zentralen Flaniermeile *Corso Umberto,* dort wo diese sich zur *Piazzetta Matteotti* mit weiteren Cafés und Lokalen weitet: tagsüber und abends Treffpunkt damals wie heute. Überhaupt lädt die Altstadt Forios mit ihren Geschäften, Lokalen, ihren zahlreichen Kirchen und teilweise schönen alten Häusern mit Innenhöfen und den charakteristischen Torbögen aus dunklem Peperinstein zum Bummeln ein.

Im 15. und 16. Jh. litt die Küste immer wieder unter den Überfällen arabischer Piraten, sodass man eine ganze Reihe Wehrtürme baute, *torrioni* genannt. Einige von ihnen sind heute um- und ausgebaut, zum Beispiel steht im Ortsinnern ein *torrione,* in dem das sehenswerte Werk des lokalen Künstlers Giovanni Maltese ausstellt ist. Ein anderer Wehrturm hoch über den Klippen der Baia San Montano auf der Halbinsel Zaro bildet heute den Zentralkörper des traumhaften Luxushotels Mezzatorre.

Nicht weit davon oben im Wald steht die herrschaftliche Villa des berühmten italienischen Filmregisseurs Luchino Visconti (gest. 1976), *La Colombaia* (Der Taubenschlag), ebenfalls ursprünglich ein Wehrturm und in den Glamourzeiten der 1950er- und 1960er-Jahre sein Sommersitz. Damals begannen auch der englische Komponist William Walton und seine Frau Susana ihren exotischen Garten *La Mortella* anzulegen, seit 1991 Besuchern zugänglich und eine Hauptattraktion der Insel.

Zu guter Letzt: Beim Spaziergang vom San-Francesco-Strand die Flanke der Zaro-Halbinsel hinauf, in deren Vegetation sich prächtige Villen verstecken, erreicht man ein Belvedere mit dem schönsten Blick auf die Küstenlandschaft Forios. Und wer Glück hat, wird von einem sehr seltenen, sehr kurzen Naturphänomen beschenkt: dem »Grünen Strahl« beim Sonnenuntergang am Ende eines schönen Sommertags. In dem Augenblick, wenn die Sonne ins Meer taucht, leuchtet plötzlich ein grüner Schimmer am Horizont auf. Wer das erlebt – so heißt es –, blickt ins Innerste seiner Seele, so klar und unerschrocken wie nie zuvor.

SEHENSWERTES

La Colombaia **[102 C1]** Insider Tipp

Hoch oben im Steineichenwald *La Guardiola* auf der zerklüfteten, wilden, vom schäumenden Meer umspülten Landzunge Zaro hatte der weltberühmte Regisseur Luchino Visconti ab 1958 sein herrschaftliches Refugium gefunden, ein schöner Spaziergang führt von San Francesco hinauf. Die völlig renovierte weiße Villa – halb Mittelalter, halb Liberty Style – beherbergt neuerdings ein kleines *Visconti-Museum,* u. a. mit vielen Kostümskizzen aus seinen prächtigen Filmen. Doch am beeindruckendsten ist der Weitblick aufs offene Meer von den Fenstern aus und der Spaziergang zu seiner schlichten Grabstätte im

MARCO POLO Highlights »Forio«

★ **Grande Albergo Mezzatorre**
Luxusherberge mit Charme im Sarazenenturm (Seite 63)

★ **Le Maioliche di Franco Calise**
Obstarrangements einer ganz speziellen Art (Seite 62)

★ **Santa Maria del Soccorso**
Bezaubernde Wallfahrtskirche (Seite 59)

★ **Santa Maria del Monte**
Kapelle im Tufffelsen inmitten der Weinberge (Seite 67)

★ **La Mortella (»Die Myrte«)**
Aus Felsenwüste wurde ein Pflanzenparadies (Seite 58)

★ **Il Melograno**
Spitzengastronomie mit ausgefallenen Gerichten (Seite 61)

Einige »torrioni« in Forio wurden zu Hotels oder Museen ausgebaut

Wald. Wunschgemäß ruht er hier – in einem Hortensienmeer eingebettet. Eine Filmschule entsteht hier gerade, unter Leitung des Literatur-Nobelpreisträgers Dario Fo und des oscarprämierten Regisseurs Bernardo Bertolucci. *Mitte Mai–Okt. Mo–Sa 9.30 Uhr bis Sonnenuntergang, Via F. Calise 130, www.colombaia.org, Eintritt 2 Euro (nur Park), 6 Euro (inkl. Villa). Anfahrt: 8-mal tgl. mit dem Bus »Pegaso« (Tel. 081 90 85 81) vom Forio-Hafen aus.*

La Mortella (»Die Myrte«) **[103 D2]**

★ »Der Garten … als Ausdruck des Glaubens, Inkarnation der Hoffnung und Hymne des Dankes« – dieses Credo seines Schaffens setzte der berühmte englische Landschaftsarchitekt Russell Page in Plan und Tat um, als er die Träume und Sehnsüchte seines Landsmanns, des Komponisten William Walton, und dessen Frau Susana verwirklichte. Aus der von Freund Laurence Olivier »eine Steinhalde« genannten Senke, nur mit vulkanischen Trachytfelsbrocken bedeckt, entstand zwischen 1956 und 1983 in mehreren Etappen zäher Arbeit ein wahres irdisches Paradies, das in harmonischer Farben- und Formenpracht Waltons Musik widerspiegeln soll. Mehr als 200 seltene exotische und mediterrane Pflanzen- und Baumsorten gedeihen heute auf 15 000 m^2 Fläche, wo es früher weder fruchtbaren Boden noch Wasser gab. Im Innern des auf mehreren Terrassen den Felsenhang hinaufgestuften Gartens befinden sich auch ein dem Komponisten Walton gewidmetes *Museum* sowie ein feines *Teehaus* mit lauschiger Terrasse, ideal zur Einkehr bei duftenden Teesorten und Keksen. *Ostern–Nov. Di, Do, Sa, So 9–19 Uhr, im Ortsteil Zaro, Tel. 081 98 62 20, Eintritt 10 Euro*

Piazza del Municipio **[102 B5]**

Auf dem Weg durch die Altstadt zur exponierten Seefahrerkirche Santa Maria del Soccorso kommen Sie vorbei an der besonders stimmungsvollen Piazza del Municipio. Tagsüber spenden Magnolien und Palmen Schatten und südliches Flair, abends wird es still, und die Laternen beleuchten andächtig die barocken Fassaden des alten Rathauses, der Kirche *San Francesco d'Assisi* und der Kirche *Santa Maria di Visitapoveri.* Das *Rathaus* war einst ein Franziskanerkonvent, im Innenhof sieht man noch den Kreuzgang. Die dazugehörige San-

Franziskus-Kirche ist mit weißem Stuckwerk dekoriert und beherbergt zahlreiche Maler der neapolitanischen Schule *(nur zur Sonntagsmesse geöffnet)*. Daneben betritt man durch eine anmutige Torfassade den Vorhof der Kirche Hl. Maria der Erzbruderschaft der Armenbesucher *(Sonntagnachmittag geöffnet)*. Das Kirchlein ist alljährlich am Ostersonntag Ausgangspunkt des großen Fests *Corsa dell'Angelo.*

Punta Imperatore mit Leuchtturm **[108 A4]**
Wenige hundert Meter südlich des Ortsteils Cuotto (Abzweig von der Landstraße SS 270 bei der *Casa Verde*) führt der Weg hinauf zum Felsenvorsprung, auf dem der Leuchtturm am westlichsten Punkt Ischias steht. Atemberaubend der Ausblick aus 150 m Höhe auf Forio, auf Klippen und Meer.

KIRCHEN

Chiesa del Purgatorio (Fegefeuer-Kirche) **[102 C3]**
Interessant an dieser Kirche aus dem 18. Jh.: eine große Fegefeuerszene über dem Portal, auf Majolikafliesen vom modernen Keramikkünstler Taki Calise dargestellt. *An der Landstraße zwischen Forio und San Francesco*

San Carlo al Cierco **[102 C5]**
Die Besonderheit an dieser 1620 erbauten Kirche: Ihre Originalstruktur blieb ohne die geringste Änderung erhalten. Einheimische Handwerker haben allen Zierat in minutiöser Kleinarbeit aus dem reichlich vorhandenen grünen Tuffstein gemeißelt. Im Inneren befindet sich ein wichtiger Gemäldezyklus des örtlichen Barockmalers Cesare Calise. *Im Ortsteil Cierco bei Monterone*

San Francesco di Paola **[102 C3]**
Schlichte Kirche oberhalb des San-Francesco-Strands, mit schöner Aussicht vom Vorplatz auf Forio. Aus dem anliegenden Kloster wurde eine Privatvilla. Mehrere Bildstöcke mit hübschen Majolikabildern aus örtlichen Werkstätten säumen den hinaufführenden Weg.

San Gaetano **[102 B5]**
Die Besucher von Forios Ortskern begrüßt schon von weither die formschöne Kuppel. Die an ihrer Südseite angebrachte Sonnenuhr zeigt sogar die richtige Zeit an. Das Innere ist recht verwahrlost. Um 1650 von Seeleuten und Fischern erbaut. *Piazza Medaglia d'Oro*

San Vito **[102 B5]**
Im alten Ortsteil San Vito wurde schon frühzeitig die dem Schutzpatron Forios geweihte Kirche errichtet (erheblich umgebaut im 16. und 18. Jh.). Zwei Glockentürme umrahmen die ruhige Barockfassade. Auch hier sind die ischitanischen Maler Cesare Calise und Alfonso Di Spigna mit mehreren Bildern vertreten. Ein Prachtstück ist die Silberstatue des Heiligen, ein Werk Guiseppe Sammartinos (18. Jh.).

Santa Maria del Soccorso **[102 A5]**
★ Die heutige Form der zauberhaften Wallfahrtskirche datiert aus dem Jahr 1791 (1864 renoviert). In ihr verschmelzen Elemente des byzantinischen, maurischen und süditalienischen Stils in einnehmender Einfachheit. Selten kommt es vor, dass Asymmetrie ei-

nen so harmonischen Eindruck erweckt wie hier. Dazu trägt auch der Kontrast der schneeweißen Fassade zum dunkelgrauen Peperinstein bei, dem Baumaterial für die Türeinfassung und die Freitreppen, die zum Vorplatz und zum Eingang führen. Heiligenbilder und bunte Dekorationen aus Majolikafliesen an den Stufen (18. Jh.) – stellenweise brutal beschädigt – gehören dazu. Am oberen Sims der Pfeiler stehen einige Segelschiffmodelle: Sie erinnern als Votivgaben der Fischer an Rettung aus Seenot, denn ihre Kirche ist ja der »rettenden« Jungfrau Maria geweiht.

Santa Maria di Loreto **[102 B5]**
Die von zwei Glockentürmen eingerahmte Barockfassade der pompejanisch-rot gefärbten Basilika stimmt schon auf ihr prunkhaftes Inneres ein. Dreischiffig ist der überwältigende Raum, die Kassettendecke mit Gold reich verziert. Die Marmordekoration ist farbenprächtig, wie es neapolitanischer Art entspricht. Schwarz-weiß kariert hingegen ist der Fußboden aus ligurischem Marmor. Zu den Kunstwerken gehören Tafelgemälde des Forianers Cesare Calise. Ein Außenmosaik des zeitgenössischen deutschen Malers Eduard Bargheer sticht geradezu ins Auge. In ihrer heutigen Gestalt stammt die Kirche aus dem 18. Jh., gegründet wurde sie im 14. Jh., umgebaut im 16. Jh. Betritt man durch eine Seitentür das einschiffige *Oratorio dell'Assunta,* faszinieren unter dem Tonnengewölbe (1585) das weiße Stuckwerk und die bemalte Orgelempore (17. Jh.). *Corso Umberto I*

MUSEEN

Museo Contadino d'Ischia **[108 C3]**
Dieses kleine Museum ist dem traditionellen Weinbau und der Weinherstellung auf der Insel gewidmet. Mit allen Werkzeugen zur Produk-

Santa Maria del Soccorso: Wallfahrtskirche mit Aussicht

tion des lokalen Weißweins, plus uralter Weinpresse. *Mo–Fr 9–12.30 u. 14–20 (Nov.–März 14–16) Uhr, c/o Weinkellerei D'Ambra, bei Panza an der SS 270 zwischen Forio und Serrara-Fontana, Eintritt frei*

Museo Maltese im Torrione [102 B6]
Im restaurierten Wachturm (um 1480) finden Kunstausstellungen statt. Außerdem zu sehen: bemerkenswerte Skulpturen und Grafiken des Heimatdichters und Künstlers Giovanni Maltese (um 1900). *April bis Okt. Di–So 9–12 u. 16–18 Uhr, Via del Torrione, Eintritt frei*

Insider Tipp **Walton-Museum** [102 C2]
1985 rief Lady Susana Walton unter der Schirmherrschaft von Prinz Charles von England die William-Walton-Stiftung ins Leben und öffnete das Anwesen *La Mortella* für talentierte junge Musiker- und Komponisten-Stipendiaten. Am 15. September 1991 weihte Prinz Charles das an die Villa anschließende hübsche Museum samt Konzertsaal ein. Alles erinnert an Leben und Werk des großen Komponisten: Büsten, Porträts und Fotos von Walton, Partituren, Pfeife und sein beim Komponieren benutztes Bechstein-Klavier. Von April bis Juni sowie im September und Oktober finden hier samstags und sonntags Kammermusikkonzerte statt. *Ostern–Nov. Di, Do, Sa, So 9–19 Uhr, La Mortella, im Ortsteil Zaro, Eintritt 8 Euro*

ESSEN & TRINKEN

Il Cacciatore [109 D4]
Große offene Terrasse am Hügel mit weitem Blick auf das Meer in ländlichem Ambiente. Die *linguine* (schmale Bandnudeln) mit Scampi sind ein Genuss. *Mo geschl., Panza (oberhalb von »Da Leopoldo«), Via S. Gennaro, Tel. 081 90 70 36,* €–€€

Lo Chef [108 C3] Insider Tipp
Restaurantterrasse oberhalb der Poseidongärten mit Blick auf Forio und Epomeo. Gepflegtes Lokal mit exzellenter Küche. Tipp: vor Sonnenuntergang ankommen. (Steile und enge Anfahrt!). *Mo geschl., Panza, Via Costa 15, Tel. 081 90 75 60,* €€

Epomeo [102 B5]
Schlichte, preiswerte Pizzeria im Ortskern. Besonders gut sind die Lasagne, Cannelloni oder Crêpes (mit Spinat- und Quarkfüllung) – alles ist hausgemacht! Deutsches Bier vom Fass. *Di geschl., Piazza Matteotti, Tel. 081 99 72 07,* €

Da Leopoldo [109 D4]
Ein uriges Abendlokal wie im Märchen, in der dritten Generation der Betreiberfamilie. Man sitzt in der Gartenlaube. Antikramsch trägt zur Stimmung bei: Die Tischplatten liegen auf ausgedienten Nähmaschinengestellen, die Rückenlehnen sind aus den Enden von Metallbetten gemacht. *Mo geschl., Panza, Via S. Gennaro, Tel. 081 90 70 86,* €

Il Melograno [108 C3]
★ Eingebettet in einen Olivengarten unweit des Citara-Strands findet sich diese versteckte kulinarische Spitzenadresse: Köchin Libera lässt ihrer Phantasie freien Lauf und kreiert täglich neue, ausgefallene Gerichte, die sogar Top-Gourmets in Staunen versetzen. Firstclass-

Qualität, die den Preis rechtfertigt. *Mo u. Di geschl., Via G. Mazzella 110, Tel. 081 99 84 50,* €€–€€€

Insider Tipp

Da Peppina di Renato **[109 D2]**

Ein traumhaftes Ausflugslokal in den Weinbergen mit Weitblick über die Landschaft und das Meer. Im hochromantischen Ambiente aus Bauerntrödel und Kristallgläsern serviert das charmante Wirtspaar Sebastiano und Rita gut gewürzte ischitanische Landküche. *Mi geschl., Via Bocca 23, Tel. 081 99 83 12,* €

Strambata **[102 B5]**

Hier stehen die Einheimischen im Sommer Schlange, um eine saftige Pizza oder ein getoastetes *bruschettone* (mit frischen Fleischtomaten) draußen auf der Piazzetta zu genießen. *Tgl., Piazza Balsofiore, Tel. 081 99 82 50,* €

EINKAUFEN

Zahlreiche Geschäfte mit Kleidung und Badesachen finden Sie in der Altstadt, der Shopping-Clou Forios aber sind ein paar exzellente Keramikhandwerker.

Insider Tipp

Le Cantine di Pietratorcia **[108 C3]**

Auf dem Weg nach Panza, in Höhe der Abzweigung zur Punta Imperatore, gelangt man zu dieser Weinkellerei in wunderschön restaurierten alten Tuffsteingemäuern. Hier können Sie gute Inselweine verkosten und kaufen und unter einer Laube kleine Imbisse zu sich nehmen. Die Betreiber sind eine Gruppe junger Winzer, die sich für die Wiederaufnahme und Verfeinerung der Ischitaner Winzertradition engagieren. *Mitte Juni–Mitte Sept. tgl. ab 17.30 Uhr, April–Mitte Juni u. Mitte Sept.–Mitte Nov. 10–13 u. 16–20 Uhr, Panza, Via Provinciale 267, Tel. 081 90 82 06*

Le Ceramiche di Taki **[102 B5]**

Takis Werkstatt und Ausstellungsräume befinden sich im Untergeschoss des Hauses. Originell: braune Teller in Tonfarbe, grün besprenkelt. Preiswertes Geschenk zum Mitnehmen: Majolikafliesen mit Namen und Hausnummern – auf Bestellung mit einer Woche Wartezeit. *Via Mazzella*

Insider Tipp

Ceramiche La Madonnella **[102 B5]**

Costantino ist 1990 aus Sant'Angelo hierher gezogen. Seine Keramikspezialität: besonders farbige Blumenmotive auf Tellern und zauberhaften Tischplatten. *Via M. Verde 32, www.ischia.it/lamadonella*

Le Maioliche di Franco Calise **[102 B5]**

★ Franco ist ein origineller Künstler und der Familientradition würdig. Man kann ihm bei der Arbeit zusehen. Seine besten Stücke sind Obstarrangements »zum Anbeißen«, Wandleuchter mit Weintrauben und und Tischlampen-Dekorationen, die an den neapolitanischen Barockstil erinnern. Spitzenqualität und Individualität. *Via M. Verde 27*

ÜBERNACHTEN

La Bagattella **[102 C2]**

Rosaweiße Villa, in hübschem maurischem Stil gebaut, mit nostalgischem Touch. Im Garten gibt es einen Swimmingpool und einzelne Apartmentwohnungen. Nahe dem

Er verlockt zum Hineinspringen, der Pool in der Hotelanlage La Bagattella

San-Francesco-Strand, doch ohne Meeresblick. *52 Zi., Via Cigliano, Spiaggia di S. Francesco, Tel. 081 98 60 72, Fax 081 98 96 37, www.labagattella.it,* €€

Grande Albergo Mezzatorre **[103 D1]**

★ Diese Luxusherberge mit Schick und Charme in einem einstigen Wachturm liegt isoliert auf einem Felsvorsprung am Meer. Die richtige Erholungsstätte für anspruchsvolle Gäste. Beste Sport-, Kur- und Beautyangebote. *57 Zi., Via Mezzatorre, Tel. 081 98 61 11, Fax 081 98 60 15, www.mezzatorre.it,* €€€

Di Lustro **[102 B5]**

Die älteste Ferienpension im Ortskern von Forio. Truman Capote wählte im Sommer 1949 Zimmer Nr. 3. Seitdem unverändert ist der Bohème-Charakter. Nach wie vor im Besitz derselben Familie. *9 Zi., Via Filippo di Lustro 9, Tel. 081 99 71 63,* €

Paradiso **[108 C1]**

Modernes Hotel am Hügel mit architektonischem Pfiff. Zur großzügigen Anlage (30 000 m^2 Gelände) gehören 22 Zwei-, Drei- und Vier-Bett-Apartments mit eigenem Eingang aus dem gepflegten Garten. Thermalabteilung mit Swimmingpools (zwei davon im Freien). Gute Küche. Die Anlage ist ideal für den Familienurlaub mit Kindern! Im ländlichen Ortsteil Cuotto mit Zubringer zum nahen Citara-Strand. *48 Zi., Via S. Giuseppe 10, Tel. 081 90 90 44, Fax 081 90 79 13, www.ischia.it/paradiso,* €€€

Parco Corbaro **[109 D2]**

Schlafen unterm Sternenhimmel: In der herrlich am Hang des Monte Epomeo gelegenen ländlichen Parkanlage mit in Tuff geschlagenen Weinkellern, einem Imbiss, Picknick- und Barbecueplätzen darf man sein Zelt aufstellen bzw. seinen Schlafsack ausrollen. *Via Bocca, Tel. 081 99 80 30, Fax 081 99 87 88, www.corbaro.it*

La Scogliera **[102 C3]**
Ein geschmackvolles Hotel in mediterranem Stil mit Swimmingpool, und der San-Francesco-Strand liegt gleich vor der Tür. *34 Zi., Via Aiemita 27, Tel. 081 98 76 51, Fax 081 98 71 97, www.hotellascogliera.it, €–€€*

Umberto a Mare **[102 A5]**
Zehn traumhaft gelegene, ins Felsplateau unterhalb der Kirche Santa Maria del Soccorso geschlagene Zimmer. Im dazugehörigen Restaurant, steil über dem Meer, speist man (teuren) Fisch. *Via Soccorso 2, Tel. 081 99 71 71, www.umbertoamare.it, €*

Villa Bianca **[108 C3]**
Eine gepflegte, helle Frühstückspension oberhalb des Citara-Strands, ideal für informelle Ferien. *23 Zi., Via G. Mazzella 126, Tel. 081 90 71 56, Fax 081 90 93 46, €*

STRÄNDE

Nördlich von Forio
Ganz besonders kinderfreundlich ist *Spiaggia di San Francesco* **[102 C3]**. Der 1 km lange Sandstrand erstreckt sich südlich von Punta Caruso bis zum weniger feinen, unruhigeren und leider nicht ebenso sauberen *Chiaia-Strand* **[102 C4]**. Liegestühle und Sonnenschirme bei den sechs kleinen Badeanstalten (auch Bewirtung).

Südlich von Forio
Schöner und gepflegter Sandstrand: Die 2 km lange, feinsandige *Spiaggia di Citara* **[108 B3]** breitet sich unterhalb der Poseidongärten aus. An den *Citara-Strand* schließt sich nördlich der öffentliche *Cava dell'Isola-Strand* an, besonders bei jungen Leuten beliebt.

Insider Tipp

AM ABEND

Elio & Stany **[102 C5]**
Am Rand des Ortskerns trifft man sich im Garten dieser großen Eisdiele und Cocktailbar zu köstlichem Obsteis. *März–Okt. tgl. 15 bis 24 Uhr, Strada Statale 270*

Splash Club-Internetpoint **[102 C4]**
Unkomplizierter Treffpunkt für Jugendliche zum Musikhören, Computerspielen, Internetsurfen. *März–Okt. tgl. 15–4 Uhr, Via Monticchio 5 (ortsauswärts Richtung Chiaia-Strand)*

Villa La Mortella **[103 D2]**
Die Walton-Stiftung veranstaltet in dem Museum, das dem Andenken des englischen Komponisten gewidmet ist, jeden *Samstag- und Sonntagabend um 17 Uhr* Kammermusikkonzerte mit Künstlern der Konservatorien von Neapel und Fiesole. *April–Juni, Sept., Okt., La Mortella, im Ortsteil Zaro, Tel. 081 98 62 20, Eintritt 8 Euro*

Insider Tipp

Zi Carmela **[102 B5]**
Restaurant, Pianobar, Disko, Entertainment – bei Zi Carmela ist immer viel los, beliebt bei reiferem Publikum. *Mo, Di geschl., Via Monsignore Filippo Schioppa 27, Tel. 081 99 84 23, €€*

AUSKUNFT

Reisebüro

Agenzia Viaggi Di Leva, Piazza Balsofiore 12, Tel. 081 99 70 02, Fax 081 99 77 11, ischiaresort@libero.it

ZIELE IN DER UMGEBUNG

Cuotto und Ciglio

Es lohnt sich, von Forio aus die Landstraße SS 270 südwärts zu nehmen. Sie führt vorerst am Westhang des Epomeo entlang, dessen wilde Naturschönheit besonders dann zur Geltung kommt, wenn die Sonne im Westen steht. Die Gegend wirkt sehr ländlich, sie ist größtenteils dem Weinbau gewidmet. Die erste Station ist nach ca. 1,5 km das kleine Dörflein *Cuotto* **[108 C2–3]**. Es liegt genau oberhalb der Poseidongärten. Der Dorfplatz bietet sich als Belvedere an, mit Panoramablick von Punta Imperatore bis Forio. Der Vulkanboden gab dem Dorf seinen Namen: *cuotto* heißt »verbrannte Erde«. In Weingärten versteckte Restaurants bieten von ihren Terrassen eine schöne Sicht aufs Meer. Unweit von Cuotto zweigt rechter Hand der Weg zum Leuchtturm auf der Punta Imperatore ab. Man folgt aber der Straße weiter nach Osten, und zwar ca. 3,5 km in Richtung *Ciglio* **[109 E3–4]**.

Vor dem nächsten Abzweig bei Battaglia (er führt südwärts nach Panza) kann man einen kurzen Halt bei der links liegenden Villa *Piromallo di Montebello* machen. Als roter Farbtupfer lugt der zinnengekrönte Turm des herrschaftlichen Hauses aus dem Grün des ausgedehnten Weinguts. Die Villa ist in Familienbesitz, man kann aber einen diskreten Blick in die Hauskapelle werfen und die dicht von Bougainvilleen bewachsene Fassade aus

Die Giardini Poseidon locken mit vielfältigem Badevergnügen

der Nähe bewundern (ein kurzer Fußweg führt dorthin).

Mit scharfem Auge erspäht man von der Straße her schon einige der in Tuffsteinblöcke gehauenen uralten Behausungen am Epomeo-Hang, obwohl sie sich mimikryhaft in die Landschaft einfügen. Wenn Sie aber das 3,5 km von Forio entfernte Winzerdorf Ciglio erreicht haben, springt Ihnen ein beachtlicher, in den Tuffblock gehauener »Troglodyten«-Wohnsitz in die Augen (auf dem kühnen Felsvorsprung gegenüber dem Haus mit der Nr. 41). Freilich wohnten dort keine Höhlenmenschen. Nur im örtlichen Wortgebrauch wird dieser Ausdruck gern für naive Touristen benutzt. Schaut man über den steilen Abhang – besät mit dicken Felsbrocken, die vom Epomeo herabgestürzt sind – zu Ischias Südküste hinunter oder in Nordrichtung hinauf zur eindrucksvollen Felsenspitze, *Pietra Martone* genannt, so begreift man, warum das dazwischenliegende Dörflein einen so zutreffenden Namen erhalten hat.

Von Ciglio kann man der SS 270 in Richtung Serrara-Fontana folgen oder die parallele Landstraße nehmen, die sich in Serpentinen bergabwärts windet und dann nach Westen schwenkt, um zum südlichsten Ortsteil Forios, nach Panza zu gelangen.

Panza **[109 D4]**

Nirgendwo auf Ischia sind die Traditionen des bäuerlichen Lebens so tief verwurzelt wie in der Gegend von Panza. Berühmt war der Ort schon immer für die Wachteljagd und für den besten Wein auf Ischia. Die älteren Bauern sprechen noch den örtlichen Dialekt, der im Klang seiner Worte vielfältige historische Einflüsse – vom Altgriechischen bis zum Spanischen – durchschimmern lässt. Aus dem Ortsnamen »Panza« könnte man auch auf die ausgeprägten gastronomischen Neigungen der Bevölkerung schließen, denn im besagten Dialekt heißt Pause *pausa* und Bauch *pancia*.

Die schönste Sehenswürdigkeit Panzas ist die *Sorceto-* oder

Panza: Der wichtigste Weinort Ischias besitzt noch bäuerlichen Charme

Sorgeto-Quelle, bzw. deren malerische Lage in der Felsenbucht von Chiarito. Der Blick von oben verschlägt den Atem, wenn man über den Schwindel erregenden Steilabhang aufs Meer hinabschaut. Das warme Heilwasser sprudelt in Ufernähe unter dem Meeresspiegel hervor. Wer darin baden will, muss eine nicht zu unterschätzende, steile Treppenflucht hinuntersteigen – ganz zu schweigen vom Aufstieg danach! In die winzige steinige Bucht quetscht sich auch das Lokal *La Sorgente* mit Liegestuhlverleih.

Hoch oben krönt die Felsspitze Punta Chiarito das versteckte kleine Hotel *Punta Chiarito* mit dem absoluten Traumblick, 24 Zimmern (10 mit Kochecke), Restaurant, Swimming- und Thermalpool: für Verliebte und Romantiker. *Tel. 081 90 81 02, Fax 081 90 92 77, www.puntachiarito.it,* €€

Insider Tipp

Santa Maria del Monte **[103 E6]**

★ Auf den Epomeo-Gipfel (787 m) kann man auch von Forio aus hinaufklettern, doch ist der Weg aus Fontana wesentlich kürzer. Die Ausflugsstrecke ab Forio in Richtung Epomeo endet bei der Einsiedelei Santa Maria del Monte (409 m). Die 2 km lange Wanderung dauert etwa anderthalb Stunden. Sie führt zum höchstgelegenen Weinbaugebiet am steilen westlichen Epomeo-Hang hinauf, durch karges, felsiges Gelände, das seinen besonderen, rauen Charme hat und herrliche Weitblicke zum Meer hin, in Richtung Forio, gewährt.

Man startet (mit festem Schuhwerk) über die *Via Pellero* südwärts bergauf, biegt nach der Tankstelle links ab, beachtet das Schild »Ristorante Bellavista«. Bei einer Tischlerwerkstatt *(falegnameria)* folgt wieder eine Linkskurve, dann geht es zwischen Weingärten weiter bis zum Ristorante *Valle Verde.* Danach kommt ein Linksabzweig (nicht verpassen!). Linker Hand, am Abhang, eine imposante Tuffsteinpyramide, die mittendurch – wie von Geisterhand der Natur – in zwei Teile gespalten ist. Der Pfad führt jetzt gen Norden. Links hat man den Panoramablick auf die Küste, von Punta Imperatore bis San Francesco, am Wegrand steht eine weiße Christusgestalt.

Danach wird der steinige Lehmpfad immer unbequemer. Am Berghang liegen einzelne Bauernhäuser und Weinterrassen. Diesem steilen Weg folgt man nun bis zum Tuffsteinhaus Nr. 20, von dort schwebt der Blick den Epomeo-Hang entlang bis zur hellen Visconti-Villa hinter Punta Caruso. Unter einem Bogen klettert man hinauf nach rechts, zwischen *Casetta Carmelina* (Nr. 18) und *Grotta Mauro* (ein mit Majoliken verziertes, in den Tufffelsen hineingebautes Haus), in Richtung der weiß getünchten Kirchkuppel von *Santa Maria del Monte,* die schon zum Greifen nahe ist.

Das schlichte Kirchlein selbst ist eine Tuffsteinrotunde. Hier findet immer am 12. September eine feierliche Prozession mit Gottesdienst und Festtagsschmaus statt. Der Weg führt weiter oben um die Kuppel herum und dann treppabwärts zu der malerischen, primitiv anmutenden kleinen Weinbauernsiedlung. Der direkte Kontakt zu den Einheimischen, sie in ihrem ländlichen Zuhause und in ihrem unverfälschten Ambiente zu besuchen, ist wirklich ein anregendes und sehr schönes Urlaubserlebnis.

Insider Tipp

Ferien im Felsennest

Vom Fischerdorf zum Ferienparadies – ohne jedes Motorengeknatter

Egal, ob Sie aus Richtung Panza oder Serrara mit dem Wagen die steile Straße hinunterkurven: Das Auto muss am Ortseingang auf dem Parkplatz abgestellt werden – vorausgesetzt, es findet sich eine Lücke. Sant'Angelo **[110 A–B 5–6]** ist eine wahre Ruheoase ohne Motorengeräusche. In wenigen Jahren hat sich das bescheidene Fischerdorf zu einem hochwertigen Ferienort gemausert, ohne dabei seinen ursprünglichen Charme zu verlieren. Kleine Häuser mit ihren bogenförmigen Fensternischen, Erkern, Terrassen, stufenweise übereinander an den Felsabhang gebaut, ineinander verschachtelt, als wären sie kubistische Bauklötze im Kinderzimmer.

Sant'Angelo gehört verwaltungsmäßig eigentlich zu Serrara-Fontana, einige seiner Ausflugsziele liegen sogar bei Barano d'Ischia. Wir möchten aber nicht bürokratisch vorgehen, sondern Sant'Angelo – nicht ohne Grund – als ein »Muss« in den Mittelpunkt des Interesses rücken. Nirgendwo auf Ischia gibt es so stark radonhaltige Heilwässer und -dämpfe wie hier.

Wohl geordnet und schön bunt: Schattenspender am Maronti-Strand

Nach dem Strandspaziergang

Man genießt sie in den schönen Thermalgärten *Aphrodite-Apollon* und *Tropical,* Fumarolen dampfen aus dem Sand des *Maronti-Strands,* in wildromantischen Schluchten verstecken sich uralte Thermalbäder wie *Cava Scura* und *Nitrodi;* und für Taucher ist diese Ecke hier ein Paradies unter Wasser, dank der Grotten, der schwarzen Korallen, der weiten Seegrasfelder.

SEHENSWERTES

Torre San Angelo **[110 A6]**

Vom Wachturm aus der Zeit der spanischen Herrschaft und von der Kaserne der französischen Besatzung unter Joachim Murat ist nur noch eine Ruine übrig geblieben, seit die englische Flotte von Admiral Horatio Nelson im August

Wie auf die Felsen gegossen liegt Sant'Angelo über dem Meer

1808 mit einer gut gezielten Kanonade das im Turm untergebrachte Pulvermagazin in die Luft jagte.

KIRCHE

San Michele **[110 A5]**

★ An der Via San Angelo, einem Weg mit hübschen Villen und entzückendem Panorama, steht am Berghang neben dem Hotel San Michele die gleichnamige Kirche. Sie hat einen besonderen Charme mit ihrer hell getünchten, fast klassischen Barockfassade, dem byzantinisch anmutenden Glockenturm und ihrem schlichten Innenraum.

ESSEN & TRINKEN

Insider Tipp **Il Bracconiere** **[109 F4]**

Urige Trattoria im Jagdhüttenstil in den Bergen. Unter dem Reetdach oder im Freien genießt man an Holztischen *rigatoni alla bracconiera* (geriffelte Nudeln mit Tomaten-Pilz-Mozzarella-Sauce) sowie den Blick aufs Meer und auf Panza. *Serrara-Fontana, Via Falanga (Ri. Bocca di Serra), Tel. 081 99 94 36, €. Vor dem Ortseingang von Serrara erster Abzweig von der SS 270 bergauf, vorbei am Friedhof. Beim roten Briefkasten (Nr. 47) rechts einbiegen, dann weiter bergauf*

La Conchiglia **[110 A5]**

Schlichtes Lokal im Ortskern. Hier kann man preiswerte Fischgerichte bekommen. Abendtipp: Sichern Sie sich einen der Tische auf der kleinen Terrasse über dem Meer. *Tgl., Via Chiaia delle Rose 3, Tel. 081 99 92 70, €–€€*

Mamma Mia **[110 A5]**

Täglich frische Fische bei Giacchino und Monica. Deutsche Gäste mögen die preiswerte Hausmannskost der beiden. Von der Terrasse schöner Blick aufs Meer. *Via S. Angelo 62, Tel. 081 99 92 73, €*

Da Nicola Le Fumarole **[110 C5]**

Hier zergehen die Bandnudeln mit Hummerstückchen fast auf der Insider Tipp

Zunge. Frischer geht's nicht mehr. *Ostern–Okt., nur mittags, am Maronti-Strand »Le Fumarole«, Tel. 081 99 97 80, €€*

Dal Pescatore **[110 A6]**
In dem modernen Lokal am Hafen gibt es überbackenen Mozzarella für den kleinen Hunger, aber auch Pizza, Fischsuppe und Risotto mit Meeresfrüchten. Deutsche Gäste sitzen hier besonders gern nachmittags bei Kaffee und erstklassigem Kuchen. *Di geschl., am Hafen, Tel. 081 99 92 06, €*

EINKAUFEN

Giussani Ida **[110 A6]**
Ausgeflippte Trendmode für jüngere Leute. *Via S. Angelo 77*

Il Pellicano **[110 A5]**
Ein Laden mit besonders flotter, eleganter Mode made in Italy, der zeigt, zu was für einem Pflaster sich Sant'Angelo entwickelt hat. *Piazza Ottorino Troia, 4*

ÜBERNACHTEN

Casa Sofia **[110 A5]**
Eine charmante, kleine Ferienpension mit Meeresblick, mediterranhell und geschmackvoll eingerichtet, zentral. *8 Zi., 2 Apt., Via Sant'Angelo 29 B, Tel. 081 99 93 10, Fax 081 90 49 28, www.hotelcasasofia.com, €–€€*

La Palma **[110 A6]**
Ein kleines, verträumt-verwinkeltes Hotel gleich oberhalb des Hafens. Moderne Zimmer. Freier Eintritt zum Tropical-Thermalpark. *30 Zi., Via Comandante Maddalena 15, Tel. 081 99 92 15, Fax 081 99 95 26, www.lapalmatropical.it, €*

Parco Smeraldo Terme **[110 C5]**
Einziges 4-Sterne-Hotel am Maronti-Strand. Swimmingpool im Freien, Thermaleinrichtungen. Obere Mittelklasse. 64 Zimmer und in einer nahen Dependance acht geschmackvolle Ferienwohnungen. *Via Maronti 29, Tel. 081 99 01 27,*

MARCO POLO Highlights »Sant'Angelo«

★ **Cava Scura**
In einer Tuffsteinwand kuren – wie die alten Römer (Seite 74)

★ **Epomeo**
Am leichtesten ist der Aufstieg von Fontana aus (Seite 75)

★ **San Michele**
Schlichte Kirche am Weg zum Paradies (Seite 70)

★ **Maronti-Strand**
Der längste Sandstreifen auf Ischia: mit »Fumarolenheizung«, sodass man sogar im Oktober noch baden kann (Seite 72)

★ **Nitrodi-Quelle**
Vom Jungbrunnen trinken und im »Grottenkäfig« duschen: die beste Schönheitskur (Seite 73)

Fax 081 90 50 22, www.hotelparco smeraldo.com, €€–€€€

Parkhotel Miramare **[110 A6]**
Renoviertes Haus über dem Meer in Hafennähe. Herrlicher Blick Richtung Maronti-Strand. Elegantes Restaurant, Salonbar mit schönem Majolikafußboden und gemütlichen Sitznischen. Hübsche Zimmer, direkter Zugang zum Privatstrand, Tennisplatz. *55 Zi., Via Comandante Maddalena 29/33, Tel. 081 99 92 19, Fax 081 99 93 25, www.hotelmiramare.it,* €€€

Insider Tipp **San Michele Terme** **[110 A5]**
Ruhige, distinguierte Herberge neben der Kirche. 13 Zimmer mit Blick auf den Maronti-Strand. Großer Pool, Thermaleinrichtungen. *42 Zi., Via Sant'Angelo 60, Tel. 081 99 92 76, Fax 081 99 91 49, www.ischiaonline.it/hotels/hsanmich,* €€

STRÄNDE

Maronti-Strand **[110–111 C–D5]**
★ Endlich ist der breiteste Sandstrand der Insel auch wieder der längste! Erst kürzlich wurde er um Tonnen feinsten Sands verlängert. Für viele Gäste ist er nun der schönste, allein schon der Lage und des Blicks auf die Halbinsel von Sant'Angelo wegen. Eine ganze Reihe Strandrestaurants lädt ein, die Bushaltestelle ist nicht weit. Von Sant'Angelo erreicht man den Strand entweder ziemlich umständlich zu Fuß oder mit dem Taxiboot (3 Euro). An manchen Stellen ist der Sand so aufgewärmt, dass man ihn nur in Schuhen betreten kann. Thailänder und Chinesen laufen den Strand entlang und bieten ihre Expertendienste als Shiatsu-Masseure an (15 Euro die Ganzkörpermassage).

Strand des Aphrodite-Apollon-Thermalparks **[110 B5]**
Die Gäste dieser alteingesessenen, charmanten Thermalanlage können am kleinen Privatstrand in Fumarolennähe wohltuende warme Sandbäder nehmen.

AM ABEND

In den wenigen Cafés und Cocktailbars am Hafen und an der Piazzetta sitzt es sich wunderschön in den Abend hinein.

AUSKUNFT

Ufficio Informazioni
Via Chiaia delle Rose, Tel. 081 99 91 39, Fax 081 99 93 25 (auch für Serrara-Fontana). Für Barano: Tel. 081 99 14 64, Fax 081 98 19 04

ZIELE IN DER UMGEBUNG

Barano d'Ischia und Buonopane
Dank der Staatsstraße 270 ist *Barano* **[111 D–E 3–4]**, Gemeindezentrum der umliegenden Dörfer, aus allen Himmelsrichtungen günstig zu erreichen (von Sant'Angelo ca. 5 km, vom Maronti-Strand ca. 2 km). Es liegt etwa 200 m über dem Meer und hat ein gut »durchlüftetes«, angenehmes Klima. Die *Piazza San Rocco* ist Mittelpunkt des Treibens. Geballt findet man dort alles, was Barano zu bieten hat. Vom Parkplatz sind es nur zwei Schritte zur *Aussichtsterrasse:* Davor liegen die Hügel bei Testaccio, darunter schimmert das Meer

am Maronti-Strand. Hinter Ihnen liegt die Apsis von *San Sebastiano,* der Pfarrkirche des Schutzpatrons. Am oberen Ende schließt eine ebenfalls barocke Fassade die Piazza ab, die von *San Rocco.* Auf der schattigen Caféterrasse der Bar *Ferrari* schmeckt das Eis mit warmem *cornetto* (Hörnchen).

Man braucht nur einen knappen Kilometer zurückzulegen, um ein ganz anderes Szenario an der Ortsgrenze von *Buonopane* **[110–111 C–D3]** zu erleben. Vor der Straßenbrücke Ponte di Buonopane führt nach der Hausnummer 61 scharf links ein asphaltierter Weg zum Nitrodi-Parkplatz hinunter. Folgen Sie dann zu Fuß dem Hinweisschild »Taverna La Cantina«. Einige Stufen führen hinunter zum grobsteinigen Pfad in der Schlucht der ★ *Nitrodi-Quelle.* Man folgt der typischen frei liegenden Rohrleitung, in der das Heilwasser in dieser Gegend »frei Haus« geliefert wird, und bald hört man das Wasser plätschern. Einst standen in dieser wildromantischen Talmulde ein Eros-Altar und ein Apollo-Tempel. Ihre Reste sind im Nationalmuseum von Neapel aufbewahrt: Die Votivreliefs stellen die graziösen Nitrodi-Nymphen dar, wie sie tanzen, ins Wasser tauchen und in Muscheln das Heilgetränk verteilen.

Ein neues kleines *Badehaus* mit Liegestühlen und Sonnenterrasse sammelt die kostbare Flüssigkeit (25 Grad) ein und leitet sie in Massageduschen um *(9–19 Uhr, 6,50 Euro).* Handtuch mitnehmen! Das Wasser soll Wunder wirken und hat schon verschiedene Hautallergien geheilt.

Eine urige *Terrassenkneipe* mit schönem Blick in eine unberührte Schlucht voll üppiger Vegetation und bis hinunter nach Sant'Angelo lädt an langen Holztischen zu einer köstlichen *bruschetta* ein. Zum Mitnehmen angeboten wer-

Sonnenbad auf dem Tuffstein der Spiaggia von Sant'Angelo

»Deutscher Kaffee und Kuchen«

Sie müssen auf (fast) nichts verzichten

Diese Inschrift begrüßt Sie überall auf der Insel. Damit will man deutschen Touristen entgegenkommen. Tja, wenn Sie den kräftigen Espresso und den cremigen Cappuccino gar nicht mögen ... Und in Sachen Kuchen wird die Wahl ohnehin zur Qual, so reich ist das Sortiment. Statt Tiramisù können Sie im Hafen von Sant'Angelo sogar Saltamisù bestellen. Aber Vorsicht, das heißt wörtlich übersetzt: »Spring mir an den Hals«!

den die aufgestellten Tiegel (20 Euro), die mit reiner Nitrodi-Tonerde gefüllt sind: »für die Gesichtspflege empfohlen«.

Cava Scura **[110 C4–5]**
★ Die dunkle Schlucht Cava Scura erreicht das Meer am westlichen Ende des Maronti-Strands. Man kommt von dort aus kaum trockenen Fußes vor der Felswand durch, denn das Meer hat die Oberhand über den Sand gewonnen. Wer es bequem haben will, steigt im Hafen von Sant'Angelo in ein Taxiboot ein. Wir hingegen empfehlen eine etwa 45-minütige Wanderung (mit solidem Schuhwerk!). Von den Aphrodite-Gärten folgt man ostwärts dem ausreichend gepflasterten Weg, vorbei an der *Casa Rosa* (linker Hand) mit ihren renovierten Sitzbädern und an der *Villa Libica* (rechter Hand). Es geht bergauf, bergab, aus dem Weg wird ein Lehmpfad, schließlich erreicht man den Tunneleingang (oberhalb des Hotels Vittorio), der in die Schlucht mündet.

Plötzlich befindet man sich in der Unterwelt, zwischen beiderseitig steil hochragenden Tufffelsen. Wer in der Talsohle weitermarschiert, kommt zu einem kleinen Thermalteich, dessen *Badeanstalt* 1988 in Stand gesetzt und wieder eröffnet wurde. Die eigentliche Kuriosität erreicht man noch weiter schluchtaufwärts. Hoch oben in die poröse Tuffsteinwand gemeißelt: eine Doppelreihe von individuellen *Wannennischen,* in die das heiße Heilwasser (86 Grad) geleitet wurde. Sie stammen nicht aus der Römerzeit, wie behauptet wird, wurden aber von den Bauern über Jahrhunderte benutzt.

Madonna di Montevergine **[112 B3]**
Von Barano aus kann man die kleine Wallfahrtskirche des Dörfleins *Schiappone* (196 m) am bequemsten erreichen, wenn man bis *Molara* die Staatsstraße 270 nimmt. Biegen Sie dort, wo man das Restaurantschild »La Campagnola« wahrnimmt, rechts in einen engen Weg ein. Schwierigkeiten gibt es dann ab der nächsten Gabelung. Links führt der sehr steil werdende Weg zum Kirchlein hinauf, doch diese restlichen 500 m legt man am besten zu Fuß zurück. Nur routinierte Fahrer sollten das Risiko wagen. Eine niedrige Mauer umgibt die Kir-

che, und man wird an das pittoreske Ambiente einer griechischen Insel erinnert.

Serrara-Fontana und Epomeo

Den obligaten Aufstieg zum Gipfel des 787 m hohen ★ *Epomeo* **[104 A–B5]** unternimmt man am besten von Fontana **[110 B2]** aus, denn die zu einer Doppelgemeinde vereinten Ortschaften Serrara **[110 A3–4]** und Fontana sind mit 400 m bzw. 500 m die höchstgelegenen auf Ischia. Kaum eine halbstündige Fahrt von der Küste, und schon befinden Sie sich in der schönsten Berglandschaft. Frische Luft, unverfälschtes Bauernleben und durch die Jahrhunderte kaum veränderte Wohnstätten.

Ein Torbogen trennt *Serraras* Piazza von der Straße. Er verbindet die Pfarrkirche *Santa Maria del Carmine* mit dem Rathaus, dem einstigen Herrschaftspalazzo (18. Jh.). Der Glockenturm dieser Barockkirche überragt den Platz, der in einer Aussichtsterrasse endet. Der älteste erhaltene Sakralbau (1374) Ischias befindet sich in *Fontana.* Eine Freitreppe führt an einer Straßenkurve hinauf zur »Sacrata«, der barocken Pfarrkirche *Santa Maria della Mercede.*

Nun zurück zum Epomeo. Leider ist der Ritt auf Eselsrücken nicht mehr aktuell, und der einstündige Fußmarsch bis zum Gipfel ist für ungeübte Spaziergänger etwas strapaziös. Von Serrara-Fontana folgen Sie dem Schild »Monte Epomeo«. Die steile Asphaltstraße führt Sie bis zu einer Piniengruppe. Dann nehmen Sie linkerhand den Feldweg hinauf, an schattigen Kastanienwäldern, an Eichen, Buchen, Ginster und Brombeersträuchern vorbei. Ein paar Kletterschritte über karge, zerklüftete Tuffsteinfelsen, dann haben Sie den Gipfel erreicht. Ganz Ischia liegt Ihnen zu Füßen. Der Rundblick ist wirklich atemberaubend. Unter dem Gipfelfelsen können Sie Rast machen auf der Caféterrasse *La Grotta,* die sich an einen Felsvorsprung klammert. Insider Tipp

Hier kann man ganz Ohr sein: Kein Autolärm stört das Gespräch

DAL PESCATORE
NA2225

Nicht nur Kuren: Naturerlebnis Ischia

Die Touren sind in der Karte auf dem hinteren Umschlag und im Reiseatlas ab Seite 102 grün markiert

1 AUF DEM SURFBIKE DIE SÜDKÜSTE ENTLANG

Lernen Sie die Insel aus der Meeresperspektive kennen: mit dem Surfbike, das man an den größeren Stränden Ischias wie z. B. an der Spiaggia di Citara mieten kann, oder auch im Tret- oder Fischerboot. Fahren Sie z. B. von der Spiaggia di Citara nach Ischia Ponte: reine Fahrzeit für die 15 km ca. 3 Stunden. Miete für das Surfbike: 8 Euro für die 1. Stunde, Preisnachlass für jede weitere. Auskunft: Yachtclub Lacco Ameno, Tel. 081 90 05 72, www.yachtclubvela.it

Das Surfbike ist ein großes Surfbrett mit Pedalen und Lenker, das stabil auf der Wasseroberfläche liegt. Mit dem Treten tut man sich nur ein ganz klein wenig schwerer als beim Fahrradfahren, dafür gelangt man wendig in Grotten und kleine Buchten, gleitet über Unterwasserwiesen aus Seegras, kurz, kann die meerzugewandte Seite der Insel genüsslich und umweltschonend erforschen.

Eng schmiegt sich das autofreie Feriendorf Sant'Angelo an den grün bewachsenen Tuffhügel

Nach dem Start vom *Citara-Strand (S. 64)* geht es die Küste entlang Richtung Punta Imperatore. Das ist der westlichste, von einem Leuchtturm gekrönte Felszipfel der Insel. Auf dem Meer ragen der *Pferdefelsen,* der *Weiße* und der *Schwarze Felsen* aus dem Wasser. Und der imposante Felsblock *La Nave (Das Schiff),* auf den Sie zusteuern, haben Sie erst einmal die Punta Imperatore umradelt. Die Küste zeigt eindrucksvoll die von Wind- und Wassererosion zerfurchten gewundenen Felswände aus Lavagestein in ihrer Schichtstruktur und ihren Grau-Grün-Schattierungen. Im südlichen Felsvorsprung der nächsten Einbuchtung befindet sich die von heißem Fumarolendampf durchzogene *Grotta del Mavone,* über den Landweg nur sehr mühselig zu erreichen und daher einst ein ideales Piratenversteck. Im Meer liegt die Felsgruppe *Spadera.* Längs der Felsküste folgt eine Reihe von Einbuchtungen, die, nur vom Meer her zugänglich und mit aufregendem Untergrund, bei Tauchern beliebt sind. Auf Badeleben und heiße Quellen stoßen Sie dagegen in der am Fuß der Steilwand gelegenen Sorceto-Bucht unterhalb von *Panza (S. 66)*, zwischen dem Felsberg *Capo Negro* und der Landspitze *Punta Chiarito (S. 66)*. Immer näher rücken das malerische einstige Fischerdorf am Fels, *Sant'Angelo (S. 69)*, und der ihm als Halbinsel vorgelagerte Tuffsteinhügel. Die Küste fällt nun terrassenförmiger herab, im Landesinneren sehen Sie das Grün der Vegetation und im Hintergrund die Umrisse des höchsten ischitanischen Bergs, des *Monte Epomeo (S. 75)*. Jenseits des Felszipfels von Sant'Angelo geht es weiter die hier zum Meer abfallende Küste entlang, vorbei an Stränden, die zum Ausruhen einladen mit ihrem von Fumarolen angewärmten Kieselsand. Schließlich gelangen Sie zur Mündung der berühmten *Cava Scura (S. 74)*, der dunklen Schlucht mit ihren jahrhundertealten, ins Tuffgestein gehauenen *Thermalanlagen*. Von hier ab erstreckt sich die *Spiaggia dei Maronti (S. 72)*, über der sich die Ortschaft *Barano (S. 72)* erhebt. Den Strand schließen die Felsvorsprünge *Punta della Signora* und *Capo Grosso* ab, auf die die mächtige, *Scarrupata* genannte Steilküste folgt.

Insider Tipp

Kleine Buchten bietet die Felsspitze *Punta San Pancrazio*, die Felsküste wird wieder stufiger, es folgen die Einbuchtung der *Grotta del Mago* und ein paar Hundert Meter weiter die grün schimmernde *Grotta Tisichiello*. Dieser Küstenabschnitt, den herrlich klares Wasser und ein abwechslungsreicher Meeresgrund begleiten, soll demnächst unter Naturschutz gestellt werden. Die Südküste biegt nun nach Nordosten hoch, und die Ischia Ponte vorgelagerte spektakuläre Felsinsel mit dem *Castello Aragonese (S. 28)* dem Wahrzeichen Ischias, gerät ins Blickfeld. Kurz vor dem Damm, der das Festland mit der Burginsel ver-

Insider Tipp

Insider Tipp

Seit 474 v. Chr. erhebt sich das Castello Aragonese über Ischia Ponte

bindet, endet der »Ritt« übers Meer mit der Rückgabe des Surfbikes.

2 AUF DEM RAD VON ISCHIA PORTO NACH CASAMICCIOLA

An mehreren Stellen können Sie Geländeräder mieten, z. B. in Ischia Porto (in Hafennähe bei Noleggio Del Franco, Via Alfredo De Luca 133, Tel. 081 99 13 34, zu Tagessätzen ab 10 Euro). Der hier vorgeschlagene Ausflug zeigt einen der Höhepunkte der vulkanischen Beschaffenheit und Vegetation der Insel. Länge etwa 20 km, Höhenunterschied 260 m.

Vom Radverleih in der Via Alfredo De Luca geht es zur *Piazza degli Eroi*, von dort rechts Richtung Barano die *Via Mazzella* hinauf bis zu den *Pilastri*, dem alten *Aquädukt (S. 28)*, unter dem hindurch man rechts der Abzweigung nach Fiaiano folgt. Die Straße steigt an, rechts von Fiaiano (S. 38) breitet sich der *L'Arso* aus, das Kratergebiet, das der Lavaausbruch von 1301 schuf. Heute wächst hier ein lauschiger Pinienwald. In Fiaiano folgt man dem Schild *Monte Rotaro (S. 45)* und kann sich am Ortsausgang nahe einer Kirchenruine an einer Wasserfontäne erfrischen. Die Straße steigt weiter an, den Berg hinauf, bis sie sich gabelt und sich wie eine Ringstraße um den auffallend dichten Wald legt, der den Gipfel (266 m) bedeckt. Als der Wald vor 50 Jahren aufgeforstet wurde, ging man davon aus, dass nur ein Teil der neu gesetzten Pflanzen überleben würde. Es wuchsen hingegen alle an. Der linken Gabelung folgend, geht es sehr bald rechts in den frisch duftenden Wald auf einem mit einer Kette verschlossenen Weg. Den Krater überzieht die Macchia, und es sind eher die im Wald hin und wieder auszumachenden Fumarolen, die auf seine vulkanische Tätigkeit verweisen.

Nach der Erholung im Wald kommen Sie wieder auf die Straße zurück. Der Sonne ausgesetzt und mit herrlichem Blick auf das Meer und Casamicciola, geht es in Serpentinen die *Via Cretaio* hinunter in den Ort. Fahren Sie links auf den *Corso Vittorio Emanuele*, der an den alten Thermen *Belliazzi* und *Manzi* vorbeiführt, und schließlich rechts auf die *Via Principessa Margherita* zum Hafen hinunter. Die Rückfahrt längs der Küste nach Ischia Porto (4 km) verläuft über die leider ziemlich befahrene Hauptstraße SS 270. Zu einem erfrischenden Bad laden die diversen *Strände (S. 36, 45)* zwischen Casamicciola und Ischia Porto ein.

3 TREKKING QUER ÜBER DIE INSEL

Die Wanderung zieht sich quer über die Insel, zeigt deren ausgesprochen bewegtes Landschaftsbild und erreicht mit dem Monte Epomeo ihren höchsten Punkt und herrlichsten Überblick. Sie ist lang (ca. 5,5–6,5 Stunden bei 780 m Höhenunterschied) und durch einige steinige, steile Anstiege streckenweise beschwerlich. Der Reiseatlas ist bei der Orientierung sicherlich hilfreich.

Verlassen Sie Ischia Porto über die Gasse *Via Quercia*, die von der *Piazza Trieste* (mit Bar und Touristeninformation) landeinwärts führt, überqueren die SS 270 und gehen die *Via Nuova dei Conti* hinauf Richtung Fiaiano, vorbei an der Kirche *Santa Anna* und dem mit Pinien bewachsenen Kratergebiet *L'Arso.* Folgen Sie in Fiaiano (S. 38, 202 m, 1 Stunde) zunächst der Straße zum Monte Rotaro, kürzen eine weite Serpentine über einen Treppenpfad ab und biegen nach 100 m von der Straße links ab auf ein Sträßchen, das sich bald in Stufen und dann als Naturweg fortsetzt. Dieser flankiert – man hält sich rechts – das Tal *Cava Bianca,* überquert einen Wasserlauf, führt an einer Mauer und an einem Waldstück vorbei, bis er sich erneut gabelt.

Auf dem rechts abzweigenden Weg geht es die bewaldeten Flanken des *Monte Trippodi* (503 m) entlang und sich links haltend über den Sattel *Piano di San Paolo* auf einen Picknickplatz. Jetzt heißt es aufpassen, denn verschiedene Wege kreuzen sich! Schlagen Sie den mittleren Pfad nach Westen ein, folgen nach wenigen Schritten der linken Abzweigung und halten Sie sich dann bei der nächsten Gabelung rechts. Bald führt der Weg durch eine kleine Schlucht, schon längst mit Blick auf den *Monte Epomeo (S. 75).* Schließlich überqueren Sie eine Straße, die Zufahrt zu einer abgeschlossenen Militäranlage. Ein Stück weiter trifft der Weg auf die klassische Epomeo-Route, die von Fontana hinaufführt. Bis zum Gipfel (787 m) mit seiner atemberaubenden Aussicht und der *Einsiedelei San Nicola* sind vom Ausgangspunkt in Ischia Porto ca. dreieinhalb Stunden vergangen.

Weiter folgt die Durchquerung Ischias zu Fuß nun dem Abstieg vom Epomeo-Gipfel in Richtung der Einsiedelei Santa Maria del Monte. Klettern Sie von der Spitze wieder herunter auf die Tuffplatten und

Bei der Pfirsichernte hilft die ganze Familie

schlagen Sie den rechts abzweigenden Weg ein. Bei einer kurz darauf folgenden Kreuzung nehmen Sie erneut den rechten Weg: Es geht über glatt gewetztes Gestein steil hinunter, doch der gut sichtbar gelb markierte Weg wird bald durch einen schattigen Wald führen, immer geradeaus bis zur Einsiedelei. Im Wald entdecken Sie die für Ischias alte Architektur typischen *Höhlenhäuser im Tuffstein.*

Bei der *Einsiedelei Santa Maria del Monte (S. 67)*, die Sie nach ca. 1 Stunde erreichen, heißt es, sich zu entscheiden: Entweder, den Weg nach *Forio (S. 55)* auf steilen Pfaden durch Weinterrassen (ca. 1 Stunde) nehmen, oder aber dem um mindestens 1 Stunde längeren Weg Richtung Süden durch eine regelrechte Mondlandschaft aus grünlich schimmernden Tuffsteinformationen folgen, die im 720 m hohen Felsen *Pietra dell'Acqua* gipfeln. Diverse Pfade führen weiter abwärts nach *Ciglio (S. 65)* oder *Serrara (S. 75)*, beides Ortschaften, die an der SS 270 liegen, was die Möglichkeit bietet, mit dem Bus zum Ausgangspunkt zurückzugelangen.

4 SCHNUPPERTOUR MIT DEM BUS

Einen ersten Eindruck von der Inselmorphologie kann man sich bei einer Fahrt mit dem Linienbus verschaffen. Das ausgezeichnete Busnetz erschließt Ischia rundum preiswert. Die Busse starten alle in Ischia Porto an der Piazza Trieste.

Linie CD umfährt die Insel im Uhrzeigersinn, also Richtung Barano, Linie CS in entgegengesetzter

Beim Wandern lernen Sie Ischia von seiner beschaulichen Seite kennen

Richtung über Casamicciola. Die Rundfahrt entlang der SS 270, die drei Stunden dauert, berührt die wichstigsten Ortschaften wie Casamicciola, Lacco Ameno, Forio, Serrara, Sant'Angelo und Barano. Mit anderen Linien kann man Abstecher unternehmen, etwa mit Bus 1 über Panza nach Sant'Angelo, mit Bus 5 an den Maronti-Strand, mit Bus 1 an den Citara-Strand.

Beginnt man mit der Nordküste, also Richtung Casamicciola, so überrascht die üppige Vegetation. Wälder aus Macchia, Eichen und Pinien gedeihen im wesentlich feuchteren Klima als auf der heißeren Südseite. Dort dominiert das bäuerliche Element, Terrassenanbau und vor allem Weinreben. Die Inselmorphologie überrascht mit ihrem heftigen Auf und Ab, den kühnen, steilen Windungen des Tuffgesteins und tiefen Schluchten, in denen seltene Farne wuchern.

Thermalparks, Wandern, Wassersport

Hier finden Sie komplette Erholung – zu Land und zu Wasser

Wassersport steht auf einer Insel natürlich hoch im Kurs: vom Tretbootfahren bis zum Surfen (Verleih in der Saison an allen größeren Stränden wie San Montano, Citara, San Francesco, Maronti und an den Stränden von Ischia-Stadt und Lacco Ameno), vor allem aber Segeln und Tauchen.

Zahlreiche Agenturen bieten Ausflüge an und organisieren Bootstouren. Besonders deutsche Ischia-Liebhaber schwören aufs Wandern durch die immergrüne Natur, durch Schluchten voller Farne und Bambus und über die felsigen Berge mit herrlichen Ausblicken. Wer gern Tennis spielt, wird in jedem Ort gleich mehrere gegen Gebühr zugängliche Tennisplätze finden, auch manches Hotel hat einen eigenen Platz.

Doch der eigentliche Clou auf Ischia sind die in üppige Vegetation gebetteten Thermalparks mit ihren zahlreichen Becken unterschiedlicher Wassertemperatur, einer schöner als der andere und allesamt an besonders reizvollen Küstenflecken gelegen. Der Eintritt ist nicht billig (20–25 Euro, fragen Sie nach Abonnements und Halbtageskarten; alle Parks sind ganztägig geöffnet), aber man gönnt sich damit einen schönen Tag.

Zauberhafte Unterwasserwelt

HOCHSEEFISCHEN (PESCATURISMO)

Für die Fischer ein Zubrot und für die Feriengäste eine aufregende Ausfahrt: mitfahren auf professionellen Fischerbooten und beim Einholen des Fangs helfen. Insider Tipp Vom fangfrischen Fisch darf man etwas mitnehmen, oder der Ausflug endet in einer Strandtrattoria, wo der Fisch gleich in die Pfanne kommt. Es werden Nacht- und Tagesfahrten angeboten, Preis je nach Dauer, Fangart und Fischimbiss zwischen 22 und 45 Euro pro Person. Fangausfahrten vermittelt die Agentur *Agenzia Viaggi Romano (Ischia Porto, Via Porto 5, Tel. 081 99 12 15, www.ischiadirekt.de).*

REITEN

Ausflüge hoch zu Ross über die Höhen des Monte Epomeo organisiert etwa der Bauernhof *Agriturismo Mattera* bei Forio an *(15 Pferde, 3-Stunden-Tour ca. 28 Euro, Via Bocca, Tel. 081 507 13 38)* oder bei Panza der Bauernhof *Fattoria Castiglione* mit 20 Pferden *(Via Mario d'Ambra, Tel. 081 90 85 18, www.lafattoriaischia.it)*.

SEGELN

An den Yachthäfen befinden sich verschiedene Yachtclubs, die Segelkurse anbieten, so z. B. die *Scuola Vela* in Lacco Ameno *(Piazza S. Restituta, Tel. 081 90 05 72, www.yachtclubvela.it)*.

TAUCHEN

An den Küsten Ischias mit Felsgrotten und reicher Unterwasserflora kommen Tauchfreunde voll auf ihre Kosten. Bei Sant'Angelo geht es bis auf 130 m Tiefe, hier sichtet man neben roten die seltenen schwarzen Korallen, z. B. mit Tauchlehrer Andrea Zunta vom *Roja Diving Center* in Sant'Angelo *(c/o Hotel Conte, Via N. Sauro 42, Tel. 081 99 92 14, Fax 081 99 90 76, andrea@ischiadiving.it)*.

THERMALPARKS

Giardini Aphrodite-Apollon **[110 B5]**
Zu Fuß gelangt man vom Fischerdorf *Sant'Angelo* zu dieser alteingesessenen, charmant verwinkelten Gartenanlage auf dem Weg zum Maronti-Strand: Auf blühenden Terrassen verteilen sich ein Dutzend Thermalbecken (22–40 Grad), ein Schwimmbad, Dampfgrotten, die Kurabteilung, Bars, ein Restaurant und eine Spielecke mit Wasserrutsche für Kinder. *Mitte April–Okt., Via Fondolillo, Tel. 081 99 92 19*

Giardini Poseidon **[108 B3]**
★ Zwischen einer langen Tufffelswand und dem seidigen Sandstrand Citara bei *Forio* erstreckt sich auf 55 000 m² der aufwändigste Thermalgarten Ischias: Zwischen Blumenbeeten, Palmen, Kakteen und Oleander liegen 17 Thermalbecken, drei Hallenbäder, moderne Anlagen zur Kur- und Wellnessbehandlung, auch gehört der südliche Teil des Citara-Strands dazu – alles sehr gepflegt und seit den 1960er-Jahren in deutscher Hand. *1 Woche vor Ostern bis Ende Okt., Spiaggia di Citara, Tel. 081 90 71 22, www.giardiniposeidon.it*

Giardini Tropical **[110 A5]**
Auf einem Felsplateau über dem Ortseingang von *Sant'Angelo* erstreckt sich der neueste Thermalpark Ischias mit zehn Becken, Dampfbad, Sauna, Kurprogramm, Restaurant und einer FKK-Liegeterrasse mit Thermalduschen. Es ist der einzige Thermalpark Ischias, der auch im Winter geöffnet ist. *Ende März bis 1. Januarwoche, Via Ruffano 26, Tel. 081 99 94 24*

Parco Negombo **[103 D2]** Insider Tipp
Ein echter Tipp, aber nicht mehr lange! Eine Thermalanlage wie im Bilderbuch, die jedes Jahr prächtiger wird, dank der unsichtbaren Hand des Landschaftsarchitekten Ermanno Casasco. In diesem Lustgarten ergeht man sich über mehrere Ebenen in verschiedenen Thermalbecken, Heiß-Kalt-Labyrinthen, Liegeterrassen, Fruchtbars, moderner Kunst – und das vor der Kulisse der mit Macchia bewachsenen Fels-

formationen, die die zauberhafte Bucht San Montano bei *Lacco Ameno* einrahmen. Den Gründer des Parks, Herzog Camerini, erinnerte sie an die Negombo-Bucht auf Sri Lanka, daher der Name. Natürlich fehlen Kur- und Wellnessabteilungen nicht, ebenso wenig Boutiquen, ein Terrassenrestaurant, ein großes Schwimmbad und ein Strandabschnitt der San-Montano-Bucht. *Mitte April–Mitte Okt., Baia di San Montano, Tel. 081 98 61 52, negombo@negombo.it*

Parco Termale Castiglione **[105 E2]**

Von Ischia Porto kommend, liegen die Thermalgärten Castiglione kurz vor dem Ortseingang von *Casamicciola* in herrlicher Hanglage, die sich bis zum Meer hinabstuft. Auf etwa 35 000 m² verteilen sich zehn Becken, darunter ein großes Schwimmbad mit Meerwasser und acht Thermalbecken, deren heißes Wasser sich aus den nahen Bagnietielli-Quellen speist und auf 30 bis 40 Grad heruntergekühlt ist – alles in üppige Vegetation gebettet. Dazu kommen Kur-, Wellness- und Beautyangebote, Terrassenrestaurant und Cafébar. *April–Okt., Via Castiglione 36, Tel. 081 98 25 51, www.termecastiglione.it*

WANDERN

Es gibt zahlreiche reizvolle Wanderstrecken auf Ischia. Bei der Orientierung helfen Wanderführer, Karten oder aber ortskundige Begleitung. Etwa durch den deutschsprachigen Geologen Aniello Di Iorio, der für 20 Euro »Geowanderungen« anbietet, auf denen er interessant die Vulkanursprünge der Insel vor Augen führt *(Tel. 081 333 02 56, www.pithecusa.com)*, oder durch den ökologisch orientierten Verein *Il Germoglio (Ischia, Via Ulisse 24, Tel. 081 98 16 20)*.

Insider Tipp

Der Steilküste im Südosten der Insel eröffnet weite Ausblicke

Bootstouren und interessante Landpartien

Wasseransichten einer Insel, Reisen in die Vergangenheit und die Vielfalt der Natur erleben

Beim Gedanken an Ischia mit Kindern sollte man zunächst das übliche Klischee beiseite schieben, die Insel sei eher ein Ziel für ältere, kurbedürftige Feriengäste. So eng sieht das mittlerweile keiner mehr, im Gegenteil, gerade in den letzten Jahren beobachten die Ischitaner, dass immer mehr Familien mit Kindern Ferien auf der Insel machen. Dazu gibt es hier eine ganze Reihe schöner, sandiger Strände mit seichtem Einstieg ins Meer und breit genug für Ballspiele, die Sonne scheint so gut wie immer, und italienisches Essen wie Pizza, Spaghetti und Eis schmeckt, als sei es eigens für Kinder geschaffen.

Die Italiener selbst, gerade die Süditaliener, sind bekannt für ihre Kinderfreundlichkeit, ein Späßchen, ein Lächeln, eine kleine Aufmerksamkeit haben sie fast immer für sie übrig – auch wenn die Insel und damit auch die Dienstleistungen eher auf ein Ruhe suchendes Publikum eingestellt sind. Viele Hotels bieten Preisnachlässe für kleine Kinder und mitunter gar Jugendliche an. Was weitgehend fehlt, ist Spaßanimation am Strand, in den Hotels oder in den Thermalparks: Für ihre Unterhaltung müssen die Kinder bzw. ihre Familien schon selber sorgen, zum Beispiel mit Ausflügen oder mit Bootstouren.

Baden mit der ganzen Clique

Was sich für Kinder nicht empfiehlt, ist das Baden in Thermalbecken mit allzu heißem Wasser, in manchen Thermalanlagen ist ihnen die Benutzung von Becken mit 36, 38 oder 40 Grad Wassertemperatur sogar ausdrücklich untersagt. Doch Becken mit niedrigeren Temperaturen, in denen sie sich tummeln können, gibt es reichlich, auch haben alle Thermalparks Schwimmbäder, meist mit Meerwasser. Der Thermalpark, der sich am besten auf kleine Gäste eingestellt hat, sind die *Giardini Aphrodite-Apollon* bei Sant'Angelo: Hier gibt es einen Spielplatz für die ganz Kleinen sowie ein Schwimm- und Plantschbecken mit toller Wasserrutsche. Für einen Besuch der Thermalparks mit Kindern spricht, dass sie alle über direkten Zugang zu Strand und Meer verfügen. Auch liegen die Eintrittspreise für Kinder (bis 12 Jahre) zwischen 30 und 45 Prozent niedriger als die Erwachsenenpreise.

BOOTSAUSFLÜGE

★ Täglich ziehen zahlreiche Ausflugsschiffe um die Insel. Ihre abwechslungsreiche, manchmal bizarre Küstenformation, die Steilwände, Grotten und in Buchten auslaufenden Schluchten lohnen eine Tour auch mit Kindern allemal. Meist starten die Schiffe am frühen Nachmittag von den Häfen der einzelnen Ortschaften. Sämtliche lokale Agenturen vermitteln Touren *(Erwachsene ca. 12 Euro, Kinder ca. 10 Euro)*. Angeboten werden auch Schiffsausflüge zu den Nachbarinseln Procida und Capri sowie nach Neapel und an die Amalfiküste.

In allen Häfen Ischias kann man außerdem schlichte Boote mit Außenbordmotor mieten, in denen Familien und Gruppen von etwa sechs Personen Platz finden und mit denen man auf eigene Faust die Küste entlangtuckern kann, mit Picknick an Bord und Badeaufenthalten in einladenden Buchten. *Halbtagesmiete ca. 100 Euro, Ganztagesmiete ca. 160 Euro*

LANDAUSFLUG

Nach Pompeji und auf den Vesuv

Die Erfahrung zeigt, dass Kinder den Besuch der riesigen römischen Ruinenstadt am Fuß des Vesuvs höchst aufregend finden. Kaum eine virtuelle Simulation könnte eine 2000 Jahre alte Stadt der Antike besser vor Augen führen als Pompeji und seine Straßen mit den Spurrillen der einstigen Ochsenkarren, den Kupferleitungen für die Wasserversorgung, den Häusern mit Wandbemalungen und Innenhöfen, den Ladenstraßen mit Theken und Öl- und Weinbehältnissen, den Theatern und Sportplätzen. *Tgl. 9 Uhr bis 1 Std. vor Sonnenuntergang, Erwachsene 8 Euro, Kinder und Jugendliche aus EU-Staaten bis 18 Jahre gratis*

Zum Besuch von Pompeji gehört eigentlich auch der Aufstieg auf den Vesuv mit Blick in den Kraterschlund. Den kombinierten Ausflug bietet z. B. die Agentur *Agenzia Viaggi Romano* in Ischia an *(Via Porto 5, Tel. 081 99 12 15, www.ischiadirecttours.com)*. Ansonsten erreicht man Pompeji mit der Fähre nach Neapel und dann weiter mit der lokalen Eisenbahn *Circumvesuviana* von Neapels Bahnhof bis vor den Eingang der Ruinenstadt *(Pompeji Scavi)*.

ORT ISCHIA

Castello Aragonese [U F4]

Man muss sich das vorstellen: Im 18. Jh. lebten in der riesigen Festung , die sich mit Mauern, Türmen und Kirchenkuppeln über das Felsinselchen vor Ischia ergießt, fast 2000 Familien aus Furcht vor den Piraten, die vom Meer aus immer wieder die Küsten Ischias überfielen. Das Gruseln packt einen in den Verliesen, im Nonnenfriedhof und bei der Ausstellung von Folterinstrumenten, ansonsten kann man sich hier bei tollen Ausblicken auf Ischia und das Meer seinen Abenteuerphantasien hingeben.

Muschelmuseum im Restaurant Barracuda [112 D2] Insider Tipp

Eine Fülle an wunderschönen Muscheln, Korallen, versteinerten See-

Keine schlechte Kulisse für ein Fußballmatch, auch ohne grünen Rasen

pferdchen und sonstigen Fossilien haben Hobbytaucher, allen voran der Wirt des ausstellenden Restaurants, im Lauf vieler Jahre zusammengetragen. Man kann die Meeresschätze nach der Pizza oder einem guten Fischgericht in den Vitrinen des herrlich gelegenen Restaurants bestaunen. Der Ausflug führt ins Dorf Campagnano an den weinbewachsenen Hügeln im Osten der Insel, unweit vom Ort Ischia. *Ristorante Barracuda, Via Campagnano, Tel. 081 90 20 46, März–Okt. tgl., Nov.–Feb. nur am Wochenende, €–€€*

Museo del Mare **[U E4]**

Das Meeresmuseum im Palazzo dell'Orologio, dem so genannten Uhrpalast inmitten der Altstadt, veranschaulicht mit zahlreichen Arbeits- und Navigationsinstrumenten, Fotos und Schiffsmodellen das Leben und die Arbeit der Fischer und Seefahrer von Ischia in den letzten Jahrhunderten. *Palazzo dell' Orologio, Ischia Ponte, Juli/Aug. tgl. 10.30–12.30 und 18.30–22 Uhr, April–Juni und Sept./Okt. 10–12.30 und 17–20 Uhr, Nov. bis Jan. und März 10.30–12.30, Eintritt 3 Euro*

FORIO

La Mortella **[103 D2]**

Der wunderbar exotische Garten La Mortella des englischen Komponisten William Walton und seiner argentinischen Ehefrau Lady Susana ist ein Muss auf Ischia. Die üppige tropische Vegetation macht vielleicht auch Kindern Spaß, vor allem aber die kleinen Kolibris im *Orchideenpavillon* beim Teehaus, die mit ihren scheinbar endlos langen Zungen den Nektar aus den Blüten schlürfen. *Im Ortsteil Zaro, Ostern–Nov. Di, Do, Sa, So 9–19 Uhr, Eintritt 10 Euro, Kinder 3–6 Euro*

Angesagt!

Was Sie wissen sollten über Trends, die Szene und Kuriositäten auf Ischia

Swing & Drink
Samstagabendfieber bei den Ischitaner Youngsters! Sie alle strömen zur Bar Calise in Ischia Porto wie die Bienen zum Nektar. Erst zur Aperitivo-Zeit »Swing & drink« gegen 20 Uhr (auf ein Bier), dann verschwinden sie in alle Himmelsrichtungen zum Essen. Ab 22 Uhr kommen die Oldies an die Reihe – ab 40 aufwärts. Im orientalisch angehauchten Tropengarten erleben sie bei sanfter Livemusik Tausendundeine-Nacht-Stimmung, meist bis 1 Uhr morgens. Dann nimmt wieder die junge Szene das Zepter in die Hand, bis es dämmert und die ersten frisch gebackenen Frühstückshörnchen aus dem Ofen geholt werden.

Bella figura machen
Die Italiener sind extrem körperbewusst und auf gutes Aussehen bedacht, *bella figura* machen lernen sie von klein auf und im Süden zudem auf besonders extrovertierte Art. Man zieht sich figurbetont an, sexy; Mädchen tragen gern dick auf, die Jungs toben ihr Stylingbedürfnis an den Haaren aus.

Bellezza e benessere
Angesagt sind Entspannung und Körperpflege. Da ist man auf Ischia genau richtig – die jungen Italiener haben keine Berührungsangst gegenüber Thermalanlagen, junge Frauen genauso wie junge Männer nutzen die Beauty- und Wellnessabteilungen. Oder man liegt im warmen Vulkansand am Maronti-Strand.

Szene und Musik
Auch ein Ausflug ins quirlige Neapel gehört dazu; in den Plattenläden versorgt man sich mit dem Besten der lebhaften Musikszene am Golf, Musik von Gruppen wie *Almamegretta,* den Rappern *99 Posse* oder den *I Ragazzi del Bronx.* Ein Dauerbrenner ist der berühmte *Pino Daniele* mit seinen melodiösen Jazz-Blues-Versionen.

Von Anreise bis Zoll

Hier finden Sie kurz gefasst die wichtigsten Adressen und Informationen für Ihre Ischiareise

ANREISE

Flugzeug

Am besten nach Neapel mit einem Charterflug, der im Vergleich zu Linienflügen preiswerteren Direktverbindung und dann mit dem Taxi zum Fährhafen von Pozzuoli westlich von Neapel. Vom Flughafen aus gibt es auch den »Alibus« bis zur Endstation *Piazza Municipio* bei der Schiffsanlegestelle *Molo Beverello.* Dieser Pendelbus verkehrt täglich zwischen 6.30 und ca. 23.30 Uhr. Buskarten gibt es direkt beim Fahrer (3 Euro); der Flughafen ist ca. 10 km vom Hafen entfernt. *Hotline: Tel. 800 63 95 25, www.anm.it*

Bahn

Die Fahrt von München nach Neapel ist relativ preiswert. Man kann sie in einer Nacht bequem im Schlafwagen bewältigen. Nach rund 14 Stunden kommt man dann noch vor 11 Uhr in Neapel an.

Auto

Von München aus über Innsbruck, den Brenner, Verona, Rom, Pozzuoli. Von Basel aus über den Gotthard-Tunnel, Mailand, Rom, Pozzuoli. Von dort mit der Autofähre nach Ischia (Ischia Porto oder Casamicciola). Will man aus der Innenstadt von Neapel nach Ischia übersetzen, nimmt man die Autofähre im Hafen *Molo Beverello.* Autozüge aus München nach Neapel jeden Sonntagabend (Anfang Mai–Mitte Okt.); Ankunft gegen Montag Mittag. *DB-Infotel. 01805 24 12 24*

Schiff

In Neapel gibt es zwei Anlegestellen: *Molo Mergellina* (für Schnellboote) und *Molo Beverello* (auch für die preiswerteren und langsameren Autofähren). Die kürzeste und günstigste Fährverbindung nach Ischia bleibt aber die aus dem Hafen von *Pozzuoli.* Die Schnellboote (»Aliscafi«), deren Einsatz allerdings vom Seegang abhängig ist, benötigen nach Ischia 45 Min. (Preis saisonbedingt ab 13 Euro p. Pers.), Autofähren 1,5 Std. (Preis saisonbedingt ab 7 Euro p. Pers.). Aliscafi nach Ischia gibt es auch von Sorrent aus (ca. 50 km südlich von Neapel gelegen).

AUSKUNFT VOR DER REISE

Staatliches Italienisches Fremdenverkehrsamt (E.N.I.T.)

– *Friedrichstr. 187, 10117 Berlin*
– *Kaiserstr. 65, 60329 Frankfurt*
– *Lenbachplatz 2, 80333 München*
– *Kärntnerring 4, 1010 Wien*
– *Uraniastr. 32, 8001 Zürich*

Kostenlose Auskunft für Deutschland, Österreich und Schweiz: Tel. 008 00 00 48 25 42, www.enit.de

BANKEN

Banken mit Geldautomaten sind flächendeckend vorhanden. Kernöffnungszeiten der Banken: *Mo–Fr 8.30–13.15 und 14.45–15.30 Uhr.*

BUSSE

Das Busnetz auf Ischia ist sehr gut ausgebaut. In der Saison sind die Busse oft hoffnungslos überfüllt. Sie starten in Ischia Porto. Neben dem normalen Fahrschein (gilt für 90 Min.) gibt es preisgünstige Tages- bis Zweiwochentickets. Die Fahrscheine kauft man in Tabakläden, in vielen Bars und Lebensmittelgeschäften. Sie müssen vom Verkäufer mit einem Datumsstempel versehen werden (sonst nicht gültig!). Info: *S. E. P. S. A.-Büro, Via Michele Mazzella, Tel. 081 99 18 08 oder 081 99 18 28*

DIPLOMATISCHE VERTRETUNGEN

Deutsches Generalkonsulat
Via Crispi 69, Neapel, Tel. 081 248 85 11

Österreichisches Konsulat
Corso Umberto I 275, Neapel, Tel./Fax 081 28 77 24

Schweizerisches Konsulat
Via dei Mille 16, Neapel, Tel. 081 410 70 46

GESUNDHEIT

EU-Bürger sollten sich vor Abreise bei ihrer Krankenversicherung einen Berechtigungsschein für Behandlungen im Ausland (E 111) holen. Durch den Thermalbetrieb ist Ischia gut mit Ärzten versorgt, viele sprechen auch Deutsch.

INTERNET & INTERNETCAFÉS

Informationen zu Hotels, Restaurants, Veranstaltungen, Fährverbindungen finden Sie im offiziellen Ischia-Auftritt: *www.ischiaonline.it*, teilweise auch auf Deutsch. Auch die Touristikagenturen auf der Insel haben gute Websites: z. B. *www.ischiadirecttours.com* und *www.ischia.org.* Weitere Seiten mit Veranstaltungen, Bootsausflügen, Ferienwohnungen sind *www.pithecusa.com* und *www.ischiaweb.it.*

Einen zuverlässigen Internetpoint finden Sie in Ischia Porto: *Pointel Store, Piazza Trieste e Trento 9, www.pointelstore.it (ca. 3,50 Euro für die halbe Stunde).*

Was kostet wie viel?

Kaffee	**85 Cent** für eine Tasse an der Bartheke
Cappuccino	**1 Euro** für eine Tasse
Eis	**1,60 Euro** für 2 Kugeln in der Tüte
Wein	**2 Euro** für ein Glas
Thermalbad	**20–25 Euro** für den Eintritt in einen Thermalpark
Busfahrt	**1,20 Euro** für eine Fahrkarte

JUGENDHERBERGE

Die einzige Jugendherberge Ischias befindet sich in Cuotto bei Forio: *Il Gabbiano, 100 Betten, Juli–Aug. 16 Euro p. Pers., sonst 13 Euro (Nov. bis März geschl.). SS Forio-Panza 162, Tel./Fax 081 90 94 22, www.hostelbooking.com*

MIETFAHRZEUGE

Bis auf das autofreie Sant'Angelo findet man in allen größeren Gemeinden Auto- und Motorrollerverleih; auch die Touristikagenturen vermitteln, oder man bestellt sich schon von zu Haus aus über das Internet seinen Fiat Cinquecento (ca. 40 Euro pro Tag) oder seine Piaggio Vespa 125 (ca. 30 Euro pro Tag) direkt zur Ankunft an den Hafen: *www.rentischia.it* oder *www.ischia-rentacar.it* (deutscher Text). Angebote zu Mietwagen finden Sie auch unter *www.marcopolo.de.*

Autofahrer müssen sich gerade in der Hauptsaison auf Verkehrschaos und Parknot gefasst machen.

NOTRUFE

Polizei 113; Feuerwehr 115; Erste Hilfe 118; Carabinieri, Ischia Porto, Via Casciaro, Tel. 081 99 10 65

POST

Öffnungszeiten: *Mo–Fr 8.30–13.30, Sa 8.30–12 Uhr.* Hauptpost (Ischia Porto): *Mo–Sa 8.30–19.15 Uhr.* Briefmarken bekommt man auch in Tabakläden. Porto für Postkarten und Briefe in EU-Länder und die Schweiz: 41 Cent, mit der schnelleren *posta prioritaria* 62 Cent.

PREISE

Ischia unterscheidet sich in allen Bereichen kaum noch vom deutschen Preisniveau. 20 Minuten Massage können 24 Euro kosten, das Massageöl kann extra berechnet werden. Jede Menge Taxis bieten ihre Dienste an, aber handeln Sie unbedingt vorher den Preis aus. Die Taxifahrt von Ischia Porto nach Forio kostet ungefähr 20 Euro.

TELEFON & HANDY

Die Telefongesellschaft heißt *Telecom.* Telefonzellen im Freien gibt es überall. Sie werden in der Regel mit Telefonkarten *(schede telefoniche)* bedient, die man in Tabakläden bekommt.

Vorwahl nach Ischia 0039. Von Ischia nach Deutschland 0049, nach Österreich 0043, in die Schweiz 0041

Die ehemalige Vorwahl (081) ist fester Bestandteil der Nummer und muss auch bei Ortsgesprächen gewählt werden. Aus demselben Grund darf bei Anrufen aus dem Ausland die Null nicht entfallen.

ZEITUNGEN

Die Tageszeitung Ischias heißt *Il Golfo,* in der Sommerzeit erscheint außerdem die deutschsprachige *Ischia-Zeitung.*

ZOLL

Waren für den privaten Verbrauch dürfen innerhalb der EU bis zu gewissen Grenzen zollfrei mitgeführt werden. Sie liegen u. a. bei 800 Zigaretten, 90 l Wein und 10 l Spirituosen pro Person. Für Schweizer gibt es Höchstgrenzen: z. B. 200 Zigaretten, 1 l Spirituosen und 2 l Wein. *www.zoll-d.de*

Wetter auf Ischia

	Jan.	Feb.	März	April	Mai	Juni	Juli	Aug.	Sept.	Okt.	Nov.	Dez.
Tagestemperaturen in °C	11	12	15	18	22	27	29	29	26	21	17	13
Nachttemperaturen in °C	6	6	8	11	14	18	20	20	18	14	11	7
Sonnenschein Std./Tag	4	4	5	7	8	10	11	10	7	6	5	5
Niederschlag Tage/Monat	10	9	8	7	6	4	2	3	6	9	11	12
Wassertemperaturen in °C	14	13	14	15	18	21	24	25	23	21	18	16

Parli italiano?

»Sprichst du Italienisch?«
Dieser Sprachführer hilft Ihnen, die wichtigsten Wörter und Sätze auf Italienisch zu sagen

Zur Erleichterung der Aussprache:

c, cc	vor »e, i« wie deutsches »tsch« in deutsch, Bsp.: die**c**i, sonst wie »k«
ch, cch	wie deutsches »k«, Bsp.: pa**cch**i, **ch**e
ci, ce	wie deutsches »tsch«, Bsp.: **ci**ao, **ci**occolata
g, gg	vor »e, i« wie deutsches »dsch« in Dschungel, Bsp.: **g**ente
gl	ungefähr wie in »Familie«, Bsp.: fi**gl**io
gn	wie in »Kognak«, Bsp.: ba**gn**o
sc	vor »e, i« wie deutsches »sch«, Bsp.: u**sc**ita
sch	wie in »Skala«, Bsp.: I**sch**ia
sci	vor »a, o, u« wie deutsches »sch«, Bsp.: la**sci**are
z	immer stimmhaft wie »ds«

Ein Akzent steht im Italienischen nur, wenn die letzte Silbe betont wird. In den übrigen Fällen haben wir die Betonung durch einen Punkt unter dem betonten Vokal angegeben.

AUF EINEN BLICK

Ja./Nein./Vielleicht.	Sì./No./Fọrse.
Bitte./Danke./Vielen Dank!	Per favọre./Grạzie./Tạnte grạzie.
Gern geschehen.	Non c'è di che!
Entschuldigen Sie!	Scụsi!
Wie bitte?	Cọme dịce?
Ich verstehe Sie/dich nicht.	Non La/ti capịsco.
Ich spreche nur wenig …	Pạrlo sọlo un po' di …
Können Sie mir bitte helfen?	Mi può aiutạre, per favọre?
Ich möchte …	Vorrẹi …
Das gefällt mir (nicht).	(Non) mi piạce.
Haben Sie …?	Ha …?
Wie viel kostet es?	Quạnto cọsta?
Wie viel Uhr ist es?	Che ọre sọno?/Che ọra è?

KENNENLERNEN

Guten Morgen!/Tag!	Buon giọrno!
Guten Abend!	Buọna sẹra!

Gute Nacht!	Buọna nọtte!
Hallo!/Grüß dich!	Cịao!
Wie geht es Ihnen/dir?	Cọme sta?/Cọme stai?
Danke. Und Ihnen/dir?	Bẹne, grạzie. E Lei/tu?
Auf Wiedersehen!	Arrivedẹrci!
Tschüss!	Cịao!
Bis bald!	A prẹsto!
Bis morgen!	A domạni!

UNTERWEGS

Auskunft

links/rechts	a sinịstra/a dẹstra
geradeaus	dirịtto
nah/weit	vicịno/lontạno
Wie weit ist das?	Quạnti chilọmetri sọno?
Ich möchte … mieten.	Vorrẹi noleggiạre …
… ein Auto	… ụna mạcchina.
… ein Fahrrad	… ụna biciclẹtta.
… ein Boot	… ụna bạrca.
Bitte, wo ist …?	Scụsi, dov'è …?
der (Haupt-)Bahnhof	la staziọne (centrạle)
der Hafen	il pọrto
die Haltestelle	la fermạta
der Anleger	l'imbarcatọio

Panne

Ich habe eine Panne.	Ho un guạsto.
Würden Sie mir einen Abschleppwagen schicken?	Mi potrẹbbe mandạre un cạrro-attrẹzzi?
Gibt es hier in der Nähe eine Werkstatt?	Scụsi, c'è un'officịna qui vicịno?

Tankstelle

Wo ist bitte die nächste Tankstelle?	Dov'è la prọssima staziọne di servịzio, per favọre?
Ich möchte … Liter …	Vorrẹi … lịtri di …
… Super./… Diesel.	… sụper./… gasọlio.
… Bleifrei/… Verbleit.	… sẹnza piọmbo (vẹrde)/ … con piọmbo.
Voll tanken, bitte.	Il piẹno, per favọre.

Unfall

Hilfe!	Aịuto!
Achtung!/Vorsicht!	Attenziọne!
Rufen Sie bitte schnell …	Chiạmi sụbito …
… einen Krankenwagen.	… un'autoambulạnza.

… die Polizei.	… la polizịa.
… die Feuerwehr.	… i vịgili del fuọco.
Haben Sie Verbandszeug?	Ha materiạle di prọnto soccọrso?
Es war meine Schuld.	È stạta cọlpa mịa.
Es war Ihre Schuld.	È stạta cọlpa Sụa.
Geben Sie mir bitte Ihren Namen und Ihre Anschrift!	Mi dịa il Sụo nọme e indirịzzo, per favọre!

ESSEN/UNTERHALTUNG

Wo gibt es hier …	Scụsi, mi potrẹbbe indicạre …
… ein gutes Restaurant?	… un buọn ristorạnte?
… ein typisches Restaurant?	… un locạle tịpico?
Gibt es in der Nähe eine Eisdiele?	C'è ụna gelaterịa qui vicịno?
Reservieren Sie uns bitte für heute Abend einen Tisch für vier Personen.	Può riservạrci per stasẹra un tạvolo per quạttro persọne?
Auf Ihr Wohl!	(Ạlla Sụa) salụte!
Bezahlen, bitte.	Il cọnto, per favọre.
Hat es geschmeckt?	Andạva bẹne?
Haben Sie einen Veranstaltungskalender?	Ha un progrạmma dẹlle manifestaziọni?

EINKAUFEN

Wo finde ich …?	Dọve pọsso trovạre …?
eine Apotheke	ụna farmacịa
eine Bäckerei	un panifịcio
ein Fotogeschäft	un negọzio di artịcoli fotogrạfici
ein Kaufhaus	un grạnde magazzịno
ein Lebensmittelgeschäft	un negọzio di gẹneri alimentạri
den Markt	il mercạto
einen Supermarkt	un supermercạto
einen Tabakladen	un tabaccạio
einen Zeitungshändler	un giornalạio

ÜBERNACHTEN

Können Sie mir bitte … empfehlen?	Scụsi, potrẹbbe consigliạrmi …
… ein Hotel	… un albẹrgo?
… eine Pension	… ụna pensiọne?
Ich habe bei Ihnen ein Zimmer reserviert.	Ho prenotạto ụna cạmera.
Haben Sie noch …?	È lịbera …?
… ein Einzelzimmer	… ụna sịngola

... ein Zweibettzimmer	... una doppia
... mit Dusche/Bad	... con doccia/bagno
... für eine Nacht	... per una notte
... für eine Woche	... per una settimana
... mit Blick aufs Meer	... con vista sul mare
Was kostet das Zimmer ...	Quanto costa la camera ...
... mit Frühstück?	... con la prima colazione?
... mit Halbpension?	... a mezza pensione?

PRAKTISCHE INFORMATIONEN

Arzt

Können Sie mir einen guten Arzt empfehlen?	Mi può consigliare un buon medico?
Ich habe Durchfall	Soffro di diarrea.
Ich habe ...	Ho ...
... Fieber.	... la febbre.
... Kopfschmerzen.	... mal di testa.
... Zahnschmerzen.	... mal di denti.

Post

Was kostet ...	Quanto costa ...
... ein Brief ...	... una lettera ...
... eine Postkarte ...	... una cartolina ...
nach Deutschland?	per la Germania?

ZAHLEN

0	zero	19	diciannove
1	uno	20	venti
2	due	21	ventuno
3	tre	30	trenta
4	quattro	40	quaranta
5	cinque	50	cinquanta
6	sei	60	sessanta
7	sette	70	settanta
8	otto	80	ottanta
9	nove	90	novanta
10	dieci	100	cento
11	undici	101	centouno
12	dodici	200	duecento
13	tredici	1000	mille
14	quattordici	2000	duemila
15	quindici	10000	diecimila
16	sedici		
17	diciassette	1/2	un mezzo
18	diciotto	1/4	un quarto

Reiseatlas Ischia

Die Seiteneinteilung für den Reiseatlas finden Sie auf dem hinteren Umschlag dieses Reiseführers

Kartenlegende Reiseatlas

270 Strada principale
Hauptstraße
Main road

Strada secondaria
Nebenstraße
Secondary road

Transito vietato agli autoveicoli
Fahrverbot
No vehicles allowed

Strada praticabile, forestale
Fahrweg, Forstweg, Güterweg
Road, forest road, farm road

Mulattiera (carrareccia)
Karrenweg
Cart track

Sentiero, traccia di sentiero
Fußweg, Steig, Pfad
Footpath, steep path, trail

Sentiero
Wanderweg
Hiking trail

Sentiero, traccia di sentiero
Wanderpfad
Steep hiking trail

Chiesa, cappella
Kirche, Kapelle
Church, chapel

Croce isolata, tabernacolo
Wegkreuz, Bildstock
Wayside cross, shrine

Castello, ruderi
Burg, Schloss, Ruine
Castle, palace, ruin

Convento
Kloster
Convent, monastery

Torre, rovine
Turm, Ruine
Tower, ruins

127 Quota altimetrica
Höhenpunkt
Elevation mark

Porto, imbarcadero
Hafen, Schiffsanlegeplatz
Harbour, ship landing

Faro, trasmettitore
Leuchtturm, Sendemast
Lighthouse, transmitting antenna

Fermata autobus
Omnibushaltestelle
Bus-stop

Cimitero
Friedhof
Cemetery

Punto panoramico
Aussichtspunkt
View

Albergo, ristorante
Hotel, Restaurant
Hotel, restaurant

Curiosità
Sehenswürdigkeit
Object of interest

Scavi archeologici
Archäologische Ausgrabungen
Archeological excavations

Fumarole
Fumarole
Fumarole

Informazioni
Information
Information

Traghetto per automobile
Autofähre
Car ferry

Linea di navigazione (scelta)
Schifffahrtslinie (Auswahl)
Shipping route (selection)

Parcheggio
Parkplatz
Parking

Fonti, sorgente, serbatoio d'acqua
Brunnen, Quelle, Wasserbehälter
Well, spring, water reservoir

Campo sportivo, campo da tennis
Sportplatz, Tennisplatz
Sports ground, tennis-court

Ospedale
Krankenhaus
Hospital

Bosco, vegetazione mediterranea
Wald, Mediterrane Vegetation
Forest, mediterranean vegetation

Viticoltura
Weinanbau
Vinyard

Curve di livello, equidistanza 10m
Höhenlinienabstand 10m
Contour lines, 10-m intervals

Gite & escursione
Ausflüge & Touren
Excursions & tours

Museo
Museum
Museum

Scuderia
Reitstall
Riding stable

Campeggio
Campingplatz
Camping ground

Associazioni sportive nautiche
Wassersportvereinigung
Water sport club

Castello
Burg
Castle

Caverna, grotta, arcale
Höhle, Grotte, Felstor
Cave, grotto, arch

Spiaggia, bagno
Badestrand
Bathing beach

Piscina coperta
Hallenbad
Indoor swimming-bath

Piscina termale
Thermalbad
Thermal bath

Scuola di Sci nautico
Wasserskischule
Water skiing school

Scuola per Sub
Tauchschule
Diving school

Surf
Surfen
Surfing

Rifornimento carburanti
Schiffstankstelle
Marine service station

Nolo barche
Bootsverleih
Boat hire

A
B
C
1
2
3
4
5
6
400 m
Punta Spaccarello
La Guardiola
La Colombaia
105
La Guardiola
102
Giardino esotico
Punta Caruso
21
V. la Cigliano
M. Caruso
100
MARE
TIRRENO
Montevergine
Spiaggia di Chiaia
p. Ponza 3:00h
p. S. Angelo
Scentone
Spinesante
Via
Scogli Camerata
Pietra Impisa
Casale
Baiola
San Gaetano
Strada Borbonica
Monterone
Punta del Soccorso
Santa Maria del Soccorso
S. Francesco
S. Maria Visitapoveri
Museo Civico/ Maltese
Santa Maria di Loreto
San Sebastiano
FORIO
Lorio
S. Michele Arcangelo
Santa Lucia
Cierco
San Vito
San Carlo Borromeo
3
Museo Maltese
Pescina
Torrione
Villa Calise
Siano
Mortolla
S. Antuono
108
102

D
E
F
1
2
3
4
5
6
p. Napoli 1:20h
p. Casamicciolo Terme
p. Forio
Mezzatorre
San Montano
Baia di S. Montano
Lido di S. Montano
Pithecusa
Terme Negombo
Punta di Monte Vico
Torre Aragonese
Grotta Spuntatore
Monte Vico
Santa Restitua
Museo e Scavi Archeologici Santa Restitua
Il Fungo
LACCO AMENO
Stufe di S. Lorenzo
Giardino La Mortella
Villa Arbusto
Museo Archeologico
Santa Maria delle Grazie
P.za Girardi
270
M.S.S. Assunta in Cielo
S. Rocco
Fundera
Via Prov. Lacco-Fango
Cavallaro
Mezzavia
La Rita
Via Provinciale Lacco-Fango
La Pietra
Coste
Terme La Rita
Cava Pedrone
S. Giuseppe
Fango
Strada Borbonica
Pantane
Spadara
Spinavola
Massaia
Caduta
C. M.te Cito
Selva
Pennanova
Pizzone
Montagnone
Bianchetto
M. Nuovo
506
Capo dell' Uomo
721
Pannoccia
S. Maria del Monte
C. Pietra Mosca
C. Coppa
M. Epomeo
Eremo di S. Nicola
La Grotta
Monte Epomeo
510
Pellacchio

103
109

A
B
C
MARE
Santa Restitua
Il Fungo
LACCO AMENO
Santa Maria delle Grazie
P.za Girardi
270
Eliporto
M.S.S. Assunta in Cielo
S.S. Annunziata
S. Rocco
Via Prov. Lacco-Fango
Fundera
Marina
Gran Sentinella
V. la Parodi
Osservatorio Geofisico
Via Princ. Margherita
Belvedere del Paradisiello
Via Provinciale Lacco-Fango
La Rita
Immacolata
La Pietra
Coste
Terme La Rita
Cava Pedrone
Fango
Santa Maria Maddalena
Purgatorio
Corso
Terme Manzi
Pantane
Maio
Strada Borbonica
C. M.te Cito
Cava Sgriglia
Campomann
Pizzone
Montagnone
Celario
Bianchetto
Wohnhöhlen
Cantoni
Capo dell' Uomo
721
Cava di Le
M. Epomeo
Eremo di S. Nicola
La Grotta da Fiore
Rif. Monte Epomeo
510
A Queta
Liature
Monticella
Toccaneto
Petto
Zisterne
Pirola
Aito
Erbanera
Terrarossa
Selva
Migliaccio
1
2
3
4
5
6
110

D
E
F
TIRRENO
400 m
1
p. Napoli 0:40h/ 1:10h - Pozzuoli 1:00h
Ischia-Porto
AMICCIOLA
ME
Perrone
Punta la Scrofa
Spiaggia di Marina
San Gabriele
Villa Landi
Mortito
Bagnetielli
Castiglione
Terme Castiglione
2
Spiaggia degli Inglesi
Parat
Mezzocammina
270
San Pasquale
101
M. Tabor
Via Cretaio
Molara
Villammare
S. Alessandro
Bosco di Castiglione
M. Rotaro
266
279
La Quercia
3
del Puzzillo
Fondo d' Oglio
181
Müllplatz
Montagnone
252
Cognolo
Bosco della Maddalena
M. Mashiata
307
Casa Piesco
Cretaio
4
Cappella del Cretaio
Il Focolare
250
Cava Caduta
Casa Arcumone
Buceto
381
Carusello
Fondo Ferraro
176
233
El Condor
Bosco dei Conti
Via Nuova dei Conti
Costa de
M. Toppo
425
Piano Sanpaolo
Posta Lubrano
298
Bellavista
5
501
503
Cava Bianca
Bosco Michione
S. Anna
L' Arso
158
Monte Trippodi
503
Fiaiano
Marecoppo
Spalatriello
Selva del Napolitano
6
Belvedere
Cannavale
354
105
111

A
B
C
1
3
4
5
6
Casamicciola Terme
Bagnetielli
Castiglione
Spiaggia degli Inglesi
Parata
Mezzocammina
270
Villammare
S. Alessandro
Parco della Pagoda
Banchina Olimpia
Cantiere Navale
Villa Algrarada
Ischia Porto (Sede Communale)
Punta San Pietro
Acquario
San Pietro
Marina
P. Trieste
Terme Municipali
Spiaggia di San Pietro
Villa Bagni
La Quercia
Santa Maria di Porto Salvo
Via Quercia
Villa Reale
Terme Francesco Buonocore
Nuove Terme Comunali
Pzo Gioffredi
Via Alfredo de Luca
San Girolamo
Müllplatz
Montagnone
252
Maddalena
S. Ciro
M. Mashiata
307
Pineta degli Artisti e delle Orchidee
P.za d. Eroi
Camping Internazionale
Casa Arcumone
233
Ferraro
176
Bosco dei Conti
Via Nuova dei Conti
Costa del Lenzuola
Eurocamping dei Pini
Via Michele Mazzella
Pineta degli Atleti
Posta Lubrano
298
Bellavista
S. Anna
L' Arso
158
Lava dell' Arso
Palazzetto dello Sport
Stadio Vincenzo Mazzella
Fiaiano
Spalatriello
Fasolara
Belvedere
Aquedotto sec. XVI-XVII ("il Pilastri")
Sant' Antuono
Villa Mazella
C. Curci
112
106

D
E
F
1
2
3
4
5
6
p. Napoli 0:40h/ 1:10h - Pozzuoli 1:00h - Procida 0:15h
p. Procida
p. Procida
MARE
TIRRENO
400 m
ISCHIA
Punta Molino
Mandria
S. Antonio
Villari
Spiaggia dei Pescatori
Biblioteca Antoniana
Conv. di S. Antonio
Ischia Ponte
Cattedrale Santa Maria della Scala
S. Maria di Costantinopoli
Spirito Santo
Museo del Mare
Torre dell' Orologio
Ponte Aragonese
Castello d' Ischia Aragonese
Immacolata
S. Pietro a Pantaniello
Aenaria (Città Sommersa) II° Sec. D. C.
Marina dei Pescatori
La Cappella
Parco delle Ninfe
Cimitero Vecchio
Chiesetta di Sant' Anna
Torre del Guevara
Terme Eden
S. Domenico
Belvedere di Cartaromana
Scogli di Sant' Anna
San Michele
Spiaggia di Cartaromana
C. Mancuso
Casa Conte
p. Capri 0:50h/ 1:30h -Sorrento 0:40h/ 1:30h -Napoli 0:45h/ 1:20h
1
107
113

A
B
C
102
1
2
3
4
5
6
Torrione
Villa Calise
Siano
Mortolla
S. Antuono
Il Capizzo
270
Cava dell' Isola
Pietre Rosse
Pietre del Cavallone
Spiaggia di Citara
Giardini Poseidon
Cesa
Cuotto
C. Verde
Terme Poseidon
Pietra Bianca
Spiaggia Cava dell' Isola
Pietra Nera
Grotta del Vino
Agnone
Costai
Case Battaglia
C. Amalfitano
Citruna 172
C. Capuano
la Pietra
Punta Imperatore
150
Campotese
Pomicione
La Nave
Punta dello Schiavo
Scannella
San Leonardo
Grotta del Mavone
197
la Cima
Chianare di Spadera
MARE
TIRRENO
Punta Pilaro
400 m

108

D
E
F
103
M. Epomeo
Eremo di S. Nicola
Rif. Monte Epomeo
La Grotta
C. Coppa
510
Falanga
Pellacchio
Curbaro
Monticella
Petto
Pirola
Pietra dell' Aqua
Zisterne
720
Belvedere dei Fratelli
Erbanera
Terrarossa
Selva
Bocca
V. la Milone
643
Serra
Bagnolo
Bocca di Serra
Pietra Martone
Monte Corvo
Scarrupata
Braconniere
Calimera
Museo Contadino Casa d'Ambra
Ciglio
270
Pantano
La Cesa
Cratela
Santa Maria del Carmine
Serrara
Panza
155
C. Pezzapiana
Campaeta
C. se Polito
Rufano
Caravana
Succhivo
141
Fumerie
Monte
Madonella
Petrella
Ponte Grado
Terme Aphrodite
Terme Apollon
Cava Grado
Giardini Tropical
Spiaggia di Grado
S. Angelo
La Sorgente
Sorceto
Punta Chiarito
Cala Rufano
San Michele
p.Forio
109
110
1
2
3
4
5
6

A
104
B
C
Pirola
Aito
Petto
Erbanera
Terrarossa
Selva
Casa Migliaccio
Bagnolo
Sacrata
Fontana
Nola
Casapane
Braconniere
Calimera
SERRARA FONTANA
Ria
S. Pietro
Casale
Felice
Pantano
Latierno
Cratela
Santa Maria del Carmine
Serrara
C. Iesca
Rufano
Pezzalonga
Cava Scura
Giardini di Cava Scura
Sorgente Olmitello
Succhivo
Madonella
Fasano
Petrella
Terme Aphrodite
Ponte Grado
Camping
Spiaggia dei Maronti
Terme Apollon
Spiaggia di Grado
S. Angelo
Giardino Tropical
Cala Rufano
San Michele
Spiaggia S. Angelo
p.Forio
La Roia
Torre S. Angelo (rov.)
MARE
Punta S. Angelo
110

105

D
E
F
Monte Trippodi
503
Selva del Napolitano
Marecoppo
Fiaiano
Spalatriello
Belvedere
egatto
Cannavale
354
Mataracce
Maisto
Villa Mazella
Cantariello
cciese
Candiano
Costa Sparaina
Piedimonte
157
Madonna di Stavia
Casabona
Molara
383
San Giovanni Battista
Starza
Terrranera
nopane
C. Buttavento
Terone
270
Rosato
Vateliero
Chiummano
La Valle
Osato
Santa Maria delle Grazie
210
BARANO D'ISCHIA
Pilani
M. Barano
265
S. Giorgio
Testaccio
Il Capo
Le Pianole
Casa San Costanzo
La Guardiola
M. Cotto
246
Punta della Signora
C. Grosso
Ischia-Porto
TIRRENO
400 m
1
2
3
4
5
6

106
158
A
B
C
3
2
1
Spalatriello
Fasolara
Belvedere
Palazzello dello Sport
Stadio Vincenzo Mazzella
Sant' Antuono
Aquedotto sec. XVI-XVII (I Pilastri)
Villa Mazella
Cantariello
Fasolara
Pilastri
C. Curci
Catavola
Testa
Casabona
Molara
Case Mormile
Starza
C. Balestieri
Arenella
Zaffarano
Pietra Marina
Terone
Madonna di Montevergine
Monte di Vezzi
395
Piano Liguori
Vateliero
Chiummano
Schiappone
M. Barano
265
La Barca
Scarrupata
Pianole
La Guardiola
4
5
6
1

D
E
F
107
1
2
3
4
5
6
S. Domenico
Belvedere di Cartaromana
Scogli di Sant' Anna
San Michele
Spiaggia di Cartaromana
C. Mancuso
Casa Conte
Casa Monte
Chiesa d' Annunziata
Punta della Pisciazza
Campagnano
Torri
Torri di sopra
Punta del Lume
Grotta Tisichiello
P. Parata Centoremi
Parata
Grotta di Terra
Pignatiello
P. Grotta di Terra o del Bordo
Spiaggia di S. Pancrazio
Punta della Cannuccia
San Pancrazio
Punta S. Pancrazio
MARE
TIRRENO
400 m

A
B
1
2
3
4
5
6
4km
MARE
TIRRENO
Ris. Naturale
della Foce Volturno
e Costa di Lícola
Borgo Domítio
San Sossio
Villággio
Cóppola
Pineto Mare
Via Domiziana
Canale di Vena
Santa Maria
a Pantano
Ischitella
Lido
Lago di
Pátria
Marina di Lago
di Pátria
Líternum
Maccanico
Parco
della Noce
Lícola Mare
Lícola
Borgo
Monte Cum
80
Torregáveta
Monte
di Prócida
(66)
Ventoténe
1h
Canale di Prócida
Capo Bove
Terra Murata
Lido di
Prócida
l'Olmo
(27)
Ísola Vivara
Santa
Margherita
Vecchia
Centane
Marina di
Chiaiolella
Punta Solchiaro
Flegrei
Canale
d'Ischia
½h
Lacco Ameno
(2)
Punta
Cornácchia
Santa
Restituta
Montevérgine
La Mortella
Casamícciola
Terme
(43)
Villa
Bagni
Forío
(18)
Fango
Maio
Bagni
Íschia
Porto
Monterone
788
Monte Epomeo
Fiaiano
Íschia
Ponte
Íschia
(2)
Castell Aragonese
San
Antuono
Sant'
Antuono
San
Michele
Spiaggia
di Citara
Cuotto
Fontana
(452)
Piedimonte
270
Buonopane
Casabona
Punta
Imperatore
Panza
Barano
d'Íschia
(210)
Punta San Pancrázio
Succhivo
Testáccio
Lido
dei Maronti
Sant'Ángelo
Punta Sant'Ángelo
Ísola d'Íschia

San Marcellino
Tréntola-
-Ducentà
AVERSA
Carinaro
Gricignano
d' Aversa
Cesa
Succivo
ORTA
DI ATELLA
CAIVANO
CRISPANO
Lusciano
Parete
Sant' Aprino
Fratta-minore
SANT' ANTIMO
FRATTA-MAGGIORE
Cardito
Stazione
Giugliano-
Qualiano
GIUGLIANO
in Campania
Casandrino
Grumo
Nevano
Melito
di Nápoli
Qualiano
Villaricca
ARZANO
CÁSORIA
Casa-
vatore
Alveo dei
Camaldoli
Castèl di
Monteleone
Zaccaria
Calvizzano
MUGNANO
di Nápoli
SECONDI-
GLIANO
Aeroporto di
Capodichino
MARANO
di Nápoli
CHIAIANO
QUARTO
CASOLARI
MIANO
MARIANELLA
Doganella
Corso-Malta
ORSOLONE
GUANTAI
Capodimonte
Montagna Spaccata
Campi Flegrei
RIONE
ALTO
Arenella
Museo
Archeol.
Orto Botanico
PIANURA
Camáldoli
Duomo
TOIANO
Caleo
SOCCAVO
Castel
Sant' Elmo
Castel Nuovo
Palazzo Reale
San Francesco
Cuma
Pozz.- Via
Camp.
Antica
Campana
Astroni
Agnano
Vómero
Solfatara
Giardino Astroni
zoologico
Parco
Eden-
landia
Agnano
Terme
Fuorigrotta
Stadio
S. Paolo
Acquario
NÁPOLI
Lido
di Nápoli
San Filipo
POZZUOLI
Castello
di Báia
Parco dei
BÁCOLI
Golfo di Pozzuoli
Città
della
scianza
Bagnoli
Coróglio
POSÍLLIPO
Capo di Posíllipo
Marechiaro
Ísola
di Nísida
Sorrento
MISENO
Capo Miseno
Campi
Golfo di Nápoli
Sant' Agnello
Palau 14h, Cágliari 16h, Porto-Vecchio 12-17h
Palermo 4-11h, Tunis 18h
Capri
D
E
F
4
5
6

In diesem Register sind alle in diesem Reiseführer erwähnten Orte, Ausflugsziele, Kirchen, Strände (= Spiaggia) und Thermalparks (= Giardini bzw. Terme) verzeichnet. Halbfette Seitenzahlen verweisen auf den Haupteintrag, kursive auf ein Foto.

Schreiben Sie uns!

Liebe Leserin, lieber Leser,

wir setzen alles daran, Ihnen möglichst aktuelle Informationen mit auf die Reise zu geben. Dennoch schleichen sich manchmal Fehler ein – trotz gründlicher Recherche unserer Autoren/innen. Sie haben sicherlich Verständnis, dass der Verlag dafür keine Haftung übernehmen kann. Wir freuen uns aber, wenn Sie uns schreiben.

Senden Sie Ihre Post an die MARCO POLO Redaktion,
Mairs Geographischer Verlag, Postfach 31 51, 73751 Ostfildern,
marcopolo@mairs.de

Impressum

Titelbild: Blick auf Ischia Ponte (M. Thomas)
Fotos: R. Hackenberg (U. M., 2 u., 4, 12, 21, 22, 24, 26, 46, 69, 75); laif: Celentano (U. l., 18, 25, 35, 65, 66, 73, 80, 82), Zanetti (U. r., 6, 56); Mauritius: Mayer (14), Hubatka (76); Schapowalow: Thiele (45); K. Thiele (5. l., 15, 17, 47, 48, 70, 81, 85); M. Thomas (1, 2 o., 7, 11, 37, 39, 41, 60, 68, 78, 86, 89, 90, 99); H.-R. Uthoff (5. r., 9, 20, 28, 32, 40, 50, 52, 54, 55, 59, 63)

8., aktualisierte Auflage 2005 © Mairs Geographischer Verlag, Ostfildern
Herausgeber: Ferdinand Ranft, Chefredakteurin: Marion Zorn
Redaktion: Arnd M. Schuppius, Bildredaktion: Gabriele Forst
Kartografie Reiseatlas: © Kompass Karten GmbH, A-Rum/Innsbruck
Gestaltung: red.sign, Stuttgart
Sprachführer: in Zusammenarbeit mit Ernst Klett Sprachen GmbH, Stuttgart, Redaktion PONS Wörterbücher

Printed in Germany. Gedruckt auf 100% chlorfrei gebleichtem Papier

Bloß nicht!

Glauben Sie nicht alles, was man Ihnen erzählt, und kaufen Sie nicht alles, was Ihnen Schönheit und Gesundheit verspricht!

Mit Badetüchern reservieren

Selbst die Italiener haben jetzt die schlechte Angewohnheit übernommen, Liegestühle an den Pools schon frühmorgens mit einem Handtuch zu blockieren, auch wenn man sich dann den halben Tag nicht blicken lässt. Irgendjemand muss doch mal anfangen, diese Unsitte zu stoppen!

Alles glauben

Der Wortschwall des Schiffsanimateurs ist unwiderstehlich und unüberhörbar, wenn er an Bord der »Eros« bei der Inselrundfahrt seine instruktiven Küstenkommentare abgibt. Nehmen Sie's ihm nicht übel, wenn kaum die Hälfte von dem stimmt, was er erzählt.

Auf Hausnummern vertrauen

Wundern Sie sich nicht, wenn die Hausnummern nicht stimmen. Seit zehn Jahren wird nun schon ständig umnummeriert, sodass selbst die Einheimischen ihre eigenen Hausnummern nicht mehr kennen.

Alles für bare Münze nehmen

Bloß nicht jeder Erfindung der Phantasie Glauben schenken! Mit dem Guevara-Turm bei Cartaromana hatte Michelangelo Buonarroti kaum mehr zu tun als Guerillachef Che Guevara. Im Volksmund heißt zwar der nunmehr renovierte Bau *Torre di Michelangelo,* doch gibt es nicht den geringsten Beweis dafür, das Renaissance-Genie habe die von ihm verehrte Dichterin Vittoria Colonna je auf Ischia besuchen können. Schade … Boccaccio erwähnt den Turm in einer seiner pikanten Geschichten. Selber ist er aber nie dort gewesen.

Wegweisern trauen

Bei Wanderungen werden Sie häufig vergeblich nach einer klaren, zuverlässigen Beschilderung suchen. Am wenigsten sind die Entfernungsangaben der Hinweisschilder zu den in Weinbergen verborgenen Trattorias glaubwürdig: Lesen Sie 300 m oder 500 m, dann kalkulieren Sie getrost das Doppelte, und statt des Ärgers freuen Sie sich auf Ambiente und Schlemmergenuss.

Immer Cappuccino trinken

Die meisten Italiener verstehen nicht, dass die Deutschen nach dem Essen Cappuccino bestellen. Gerade den Wirten, die sich besonders viel Mühe mit einer ausgefeilten Küche geben, dreht sich der Magen um, wenn ihre Gäste nach der Fischsuppe einen Cappuccino bestellen.